漫画・うんちく書店

室井まさね

メディアファクトリー新書　084

メディアファクトリー新書　084

漫画・うんちく書店　目次

『漫画・うんちく書店』制作者

著者
室井まさね
メディアファクトリー新書編集部(監修)

カバーイラスト
つくし

本文DTP
小川卓也(木蔭屋)

校正
西進社

装丁
下平正則

編集協力
平山沙貴

編集
西條弓子(メディアファクトリー)

編集長
安倍晶子(メディアファクトリー)

知識、知恵、感動、驚嘆――
心揺り動かす書物を求め、人々が訪れる場所「書店」
そこに突如現れ、
ありとあらゆるジャンルの「本と本屋のうんちく」を
語り尽くして去っていく謎の男がいる。
男の名は雲竹雄三《うんちくゆうぞう》。
これは、彼に出会ってしまった人々が
役に立つかもしれない、
立たないかもしれない「うんちく」を
獲得していく物語である――。

※本書に掲載されている情報やデータは
すべて2013年8月1日現在のものです。

第1話
本屋さんへ行こう

邪魔だな…
ペラッ
…それは「スリップ」というのだよ
またの名を「短冊《たんざく》」ともいい片面が注文カードもう片面が売上カードになっており
会計の際 抜き取って在庫管理や本の注文に使ったりするのだ…！
この部分は「坊主」とゆう

……
なんだコイツ……!?
…もっとも現在では在庫管理も発注も「POSシステム」に一任しているところが多いが…
…なんなんだよ…?
新刊出てる…
…あれ?これ持ってたっけ…?
ビニール邪魔だな——

——それは「シュリンクラップ」というのだ…！
このシュリンクがけや雑誌のふろく組みは実は各書店ごとに行われている
ふろく組みは特に大変な作業で雑誌の発売が重なると書店員は朝から地獄を見るという
…ちなみに真夏のシュリンク作業も地獄である！
とにかくあっつい
……あんた誰!?
シュリンカー…凄く熱くなる
…失礼 私の名は雲竹雄三《うんちくゆうぞう》——
人は私をこう呼ぶ…
ミスター・ナレッジ《うんちく》…と！

――君は
!?
本の陳列《ちんれつ》の仕方を知っているか!?
「棚差し」!
説明不要の最も一般的な並べ方だ!
「面陳《めんちん》」!
少ない冊数でも表紙が見せられる
「平積み」!
同じ本を何面も並べるものを特に「多面陳列」という!
「エンド」※!
TVドラマ化
売れ筋の本しか鎮座することを許されない特別な場所だ!
※棚の端に位置する平台
――そして「島」と呼ばれる入口近くの陳列台※!
店の顔でありフェア以外ではベストセラーの特等席といえる!
※店によって呼び名は異なる

——そしてっ
そうした台に必ずといっていいほどあるのが——
「POP」——Point of Purchase（販売時点広告）の略だ！
最近は版元が作ったものも多いがやはり書店員による熱のこもった手書きのPOPが目を引く！
ラスト12頁
2001年…千葉県津田沼の「BOOKS昭和堂」の店員によるPOPでテリー・ケイ著『白い犬とワルツを』が大ヒット！
180万部を売るベストセラーとなったことは書店員のあいだでは伝説となっており
以来 書店も版元も競ってPOPを立てるようになったのだ！
もっともその店員がPOPを書き始めたのはベストセラーばかり読まれる状況を憂いてのことだったそうだがな…

――一方
そこの台車に積まれている本！
こうして裏返しに積まれた本は返品――つまり
売れ残って版元や取次《とりつぎ》に送り返される本なのだ！
…まだ間に合うっ
あの…
これはすべて私が買うぞ!!
どどさっ
カバーおかけしますか？
頼む…
この「ブックカバー」は大正時代――
多くは古書店で店名の入った包装紙に本を包んで売っていたのが始まりらしい…
「書皮《しょひ》」ともいうこの習慣は日本独自のもので
日本以外ではまず見られないという…

著名な芸術家や漫画家やデザイナーの作品もありコレクターも多い
そういえば書店チェーン「いまじん」では毎月カバーデザインを公募し最優秀作品を採用しているというな…
カバーのついている本にさらにカバーをかける…それは過剰ともいえる日本人の「もてなしの心」と――…
カバーおかけしますか?
いりません
袋もいーです
……
ありがとーございますー
590円になりまーす
…無論 環境のことを思えば必要のないものは断るのが望ましい…
…必要なければだが…
お客様本!!!
本を忘れる客は結構いるらしい…

第1話のうんちくを振り返ってみよう

雲竹雄三の教養再確認クイズ

テーマ 本屋さんへ行こう

Q1 スリップ(短冊)の役割は?

Q2 「POP」は何の略語?

Q3 ブックカバーはいつ始まった?

解答は次のページ

〈解答〉

A1 「注文カード」と「売上カード」

スリップの「注文カード」側には冊数記入欄と店の判子《はんこ》(番線《ばんせん》印)を押す欄があり、追加注文の際に使われる。「売上カード」側は在庫管理などに使われるが、現在はコンピュータで在庫管理をしている店舗も多い。また出版社や特定のタイトルにおいて、販売促進のため書店から送り返されるスリップ1枚に対して報奨金を支払う場合もある。

A2 Point of Purchase（販売時点広告）

直訳すると「買い物をする場所(の広告)」。購買時点広告とも。あらゆる小売業で使われる販促物だが、書店においては「出版社の制作したPOP」と「書店員が制作したPOP」の2種類がある。後者で伝説的なのは千葉県津田沼の「BOOKS昭和堂」店員による『白い犬とワルツを』のPOP。店頭から人気に火がつき、大ベストセラーになった。

A3 大正時代。当時は書店名が入った包装紙だった

ブックカバー(漢字では「書皮」)の起源は大正時代。当時多くの古書店では購入された本を包装紙で包む習慣があり、それが始まりとされている(包装紙には書店名などが書かれていた)。海外では本にブックカバーをつける行為は一般的ではなく、日本特有の文化のようである。

第2話

書店員の休日

タン
タン
タン
タン
タン
タン
タン
…おい 君!
書店員だな!?
え…?
いや僕…
わかっている! この店の店員ではない!
書店員は…
!?
この店は開店したばかり だが君はかなりのベテラン と見た…おそらく他店の 非番の書店員だろう
たとえ他店でも乱れた 棚を見ると 整理せずには いられないのだ…!!

……
…それから先ほど君が読みふけっていたこの新書…
「自分の店で買おう」と思ったな!?
ぎくっ
多くの書店には「従業員割引」がある…
割引率は店によって違うがたいてい自店に限り1割引ほどで買える!
…そのためつい買いすぎ自宅に本が地層を成している者も多いと聞く…
そして——
書店員たる者自分の家の電話番号は忘れても店の「番線」だけは忘れない!
図星
番線——「書店認識コード」は書店員にとっては自分の名前のようなもの!
注文お願いしまーす
番線はBの…
それは本を鉄道で配送した頃それぞれの書店を「何番線ホームから発送する店か」で示していたことに由来するという!

…それから
スイマセン
京都のお寺の本を…
ハイ
びしっ
さっきからやたらと店員に話しかけているあの男――
…そう！店のサービスをチェックする覆面調査員――
「ミステリー・ショッパー」だ！
あ
やっぱり…
レジ内では私語厳禁！
もく
もく
名前書いてもダメだっ
たけだ
自前の本は持ち込み禁止！
アイドルより皇室のカレンダーのほうがよく売れる！
…など書店員しか知らないことは多い…
あ…
あなたはいったい…⁉

…失礼
私の名は雲竹雄三…
書店員は皆雨の日が嫌いだ…
濡れた傘滴《したた》る雫《しずく》――すべて本の大敵だ！
しかし理由はそれだけではない
平台の文庫がこうなる
ああっ
べろろん
そうなんだ…これじゃせっかくの平積みが台無し…
君がやらんでもよかろう
いや手が勝手に…
下の本と入れ替え
それから君たち書店員が他店に出向いたとき
「棚作り」と共にどうしても気になるものがあるだろう
それは――

手書きのPOP
予想不能！
…特に自分がPOPを書いた本は気になるだろう
な…なります！
店に戻って書き直したくなることも…
もともとはCD店で店員がCDにつけていたレビューを真似て作られたものらしいが
近年は版元もいろいろと趣向を凝らしたPOPを作っている
光ったり
動いたり
最近の傾向は「光ると売れる」だそうだ
…けどあんまり多いと困るんですよね…
やたらでかいのとか…
…もはや販売を妨害しているとしか思えないこともあるな…
——そして忙しいときに限って現れる版元の営業！
どうも！
今度の新刊超オススメです！これゲラです見て下さい！
うっ…

自分の店ではまったく売れていない本が 他店でランキング1位になってるのも気になるな…!
今週の売れ筋
とある教祖様の本
1位
なりますっ
目立つところにランキングを出してる店ほどこーゆーことがある!!
パブリシティーのチェックも欠かせない!
皆テレビでやってたあの本
ほらアレ
そーなんです!
テレビで紹介されたらすぐに発注しないとあっという間に在庫切れになる!!
そしてだんだん雑誌のふろくだらけになっていく店員!
シュシュ
ピアス
バンダナ
リストバンド
缶バッヂ
えっ
…それは言わないであげてください…
など…
書店員が気になることは多いな
そーなんですもう職業病で…

あぁあっ
ぐしゃ
「面陳」ではよくそういうことが起こるな
そーなんです……まぁ帯《おび》は外しちゃえばいーんですけど…
はあ
こっちの本はカバーが破損している…
帯にひっかかって破れた
これはもう返品するしかないな…
…いや
これは私が買おう
…神!!
雲竹雄三――
返品される本を見ると買わずにはいられない男

第2話のうんちくを振り返ってみよう

雲竹雄三の教養再確認クイズ

テーマ 書店員の休日

Q1 「番線」とは何か？

Q2 「ミステリー・ショッパー」の仕事は？

Q3 「面陳《めんちん》」と呼ばれる陳列法の弱点とは？

解答は次のページ

雲竹雄三の教養再確認クイズ 「書店員の休日」

〈解答〉

A1 取次(本の問屋)が発行する書店認識コード

番線とは取次会社が一つひとつの書店を地域やルートごとに区分したコードのことで、いうなれば流通上の「住所」。商品を注文する際には必ず伝える必要があり、番線が刻印された判子を「番線印」と呼ぶ。本が鉄道で輸送されていた時代に「何番線ホームから発送する書店か」を表した習慣が、その呼称の由来とされている。

A2 店のサービス状況をチェックする覆面調査

書店を含む小売業やサービス業で、調査員が客を装って店を利用し、接客サービスや衛生状態などを評価するのが「覆面調査」。あくまで顧客目線で調査する必要があるため、基本的には調査が実施されることを従業員に知らせない。チェーン店の本部などが覆面調査専門会社に依頼することも多いが、その会社の社員が行うケースもある。

A3 他の陳列法より本が傷むリスクが高い

表紙(面)が見えるように書棚に陳列するのが「面陳」(第1話参照)。必ずしも多くの冊数を必要とせず、表紙のデザインや帯のコピーなどが見えるようにして、目立たせることができる。しかしメリットが多い一方、本が倒れたり、帯が破れてしまったりなど、本が傷む危険性もある。

第3話

有名書店の秘密

…あら?
書物の上に
レモンが…
「梶井《かじい》基《もと》次郎《じろう》」
だな…
主人公が京都の
「丸善」へ行き
画本の上にレモンを
置いて立ち去る
……
小説『檸檬《れもん》』の
有名なシーンを
真似たのだろう
……
不逞《ふてい》な
行為ね
確かに書店は
迷惑だろう…
——しかし舞台となった
丸善京都店で それは
一つの風習になった…
2005年の閉店
の際には
「レモンの記念スタンプ」
が作られ
多くの人が訪れたという…

創業当時の会社名義人（社長）の名は「丸屋善八」という
ところが丸屋善八は架空の人物だ
……は？
それで「丸善」になったのね
創業者「早矢仕有的《はやしゆうてき》」が恩人・高折善六《たかおりぜんろく》の名にちなんだのだ
ちなみに創業時は「球屋《まるや》商社」だったが誤読されることが多く「丸屋」に変更明治13年に丸善となった
「球屋」なの？「丸屋」なの？
「丸善」だ！
今は…
煩雑だわ…
丸善の話はこのくらいにしておこう…
——あら
こんなところに椅子が…

今ではこうした「座り読み」の椅子がある書店も珍しくないが――
1996年に「ジュンク堂」が「立ち読みお断り座り読み歓迎」とコピーをうって椅子を置いたのがその先駆けといわれる
ジュンク堂の名前の由来を知っているかね…?
いいえ
「キクヤ図書販売株式会社」の創業者工藤淳《くどうじゅん》の息子恭孝《やすたか》が書店部門を任され独立した際――
父の名「工藤淳」をひっくり返し「ジュン・クドウ」――「ジュンク堂」と名付けたそうだ…
…それだけ?
それだけだ
平易でいいわ
……ありがとう
他には「有隣堂」は孔子の「徳は孤ならず 必ず隣《となり》有り」という章句から――
「三省堂」は論語の「吾《わ》れ日に三たび吾が身を省《かえりみ》る」からつけたという

ちなみに三省堂は当初「さんしょうどう」だったが1890年に「さんせいどう」と改称したそうだ…
コーヒーが飲みたいわ
…ここは「TSUTAYA」の「BOOK&CAFE」ではない…
椅子はあるのにコーヒーはないのね
確か江戸時代にも「蔦屋《つたや》」という名の書肆《しょし》(書店)がなかったかしら…?
写楽《しゃらく》や歌麿《うたまろ》馬琴《ばきん》らを世に送り出したという「蔦屋重三郎《つたやじゅうざぶろう》」が主人であった地本問屋《じほんどんや》のことだな
所縁《しょえん》があるのかしら?
直接はないがあやかって名付けたといわれている…
書店とコーヒーのつながりは深い「ブックファースト新宿店」など一定以上の金額を購入すると併設するコーヒーショップの割引券や引き換え券がもらえる書店があるぞ!
今飲みたいのよ

——ああっ
あれは…っ
『世界の骨壺大百科（改訂版）』!!
世界の骨壺 改訂
ずっと所望《しょもう》していたのよ！
…珍妙な本を好むのだな…
ああ…
けれどこんな重量のものとても持ち帰れないわ！
「宅配サービス」を使えばよかろう
この店では確か1万5千円以上で送料が無料になるはずだ
それは有益な情報ね
こうした宅配サービスは八重洲ブックセンター本店が
「シロネコヤエスの配本便」として始めたのが嚆矢《こうし》といわれている
オンライン書店で買う手もある！ジェフ・ベゾスが1995年に開設した「アマゾン・コム」が日本に上陸したのは2000年で…
もう結構よ！

お会計
1万9950円になります——
図書カード使えます？
サブカルの殿堂「ヴィレッジヴァンガード」は売上げの多くが雑貨なのだが「図書カード取扱店」であり書籍以外も図書カードで買うことができるのだ※
まだいらしたの？
ここまで本を運ばせておいてそれはないだろう
日本最大級の売上げを誇る書店を知っているかね…？
いいえ
それは「紀伊國屋《きのくにや》書店梅田本店」！1日5万人が訪れるといわれ大阪・北区における鉄板の待ち合わせスポットだ
そもそも紀伊國屋は1927年に新宿で創業した際は木造2階建て18坪 従業員5名だったが今や日本を代表する巨大ナショナルチェーンである！

※店舗によって異なる

創業者「田辺茂一《たなべもいち》」は非常に破天荒な人物で 書店の経営は人任せで 夜な夜な銀座を飲み歩き「夜の市長」と呼ばれるなど逸話に事欠かない
映画やテレビドラマに出演したり「茂一のひとり歩き」というレコードを出したりもしている
——ちなみにB面は「茂一音頭《おんど》」だ！
なぜEP盤のB面は決まって「××音頭」なのかしら…？
…日本の古き習慣なのだよ…
あら
書物の上にズワイガニが…

第3話のうんちくを振り返ってみよう

雲竹雄三の教養再確認クイズ

テーマ 有名書店の秘密

Q1 梶井基次郎『檸檬《れもん》』の舞台になっている書店は？

Q2 「ジュンク堂書店」の名前の由来とは？

Q3 「紀伊國屋書店」の創業者の名前は？

解答は次のページ

〈解答〉

A1 丸善 京都店

夭逝《ようせい》の天才・梶井基次郎の代表作『檸檬』は、書店が舞台になっている短編文学。檸檬を「爆弾」に見立て、書店に置き去るシーンで幕が閉じられる。その舞台となっているのが丸善京都店。いたずらで檸檬を置いていく客が跡を絶たなかった京都店は、2005年に惜しまれつつ閉店。しかし2015年には再オープンが予定されているという。

A2 創業者・工藤淳の名前をひっくり返した

ジュンク堂の前身は1963年に工藤淳が創業した「大同書房」。のちに息子・工藤恭孝が跡を継ぎ、大型書店を出店した際に、社名を変更することになる。数多くの店名の候補が発案されるなか、創業者「クドウジュン」の姓と名を入れ替え「ジュンクドウ」→「ジュンク堂」とする案が選ばれた。

A3 田辺茂一 文化人としても伝説的な人物

紀伊國屋書店は、1927年、東京新宿で創業した。紀伊國屋書店を大型書店へ成長させた田辺は、事業家として高く評価される一方で、文化人としても知られている。文芸や美術に造詣が深く、小説や随筆集なども執筆。そのため新宿本店には演劇ホールや画廊も併設された。

第4話
本値のホンネ

882円になりまーす
ISBN978-4
C0230 ¥840
定価:本体840円
え?
840円だろう?
それは本体価格でして…
税込みで882円になります
けどさっき買ったこの雑誌は表示どおり500円だろう?
定価 500円
本体476円
そちらは税込表示でして…
なんでだ!?
それは…あの…
書籍と雑誌の表示価格が違う——
!?
そこにはやむにやまれぬ深い事情があるのだよ!
そもそも本はなぜ「定価」販売なのか知っているか!?
本の価格は版元が決め小売店はそれを順守しなければならない…
「再販売価格維持制度」——いわゆる「再販制」だ!

戦前より本は「定価販売」が
一般的だったが
それは業界内規によるもので
法によるものではなかった
それが戦後
独占禁止法公布の流れから
「法定再販商品」になり
定価表示が
義務づけられる
ようになったのだ
…そこへ業界を
震撼させる出来事
が起こった…
3%
「消費税」だ！
定価1236円
これから出す本は新たに
「税込表示」すればいい
…しかしすでに刊行
されてしまった本を
どうするか!?
シールを
貼ったのだ！
版元の倉庫にある膨大な本
すべてに出版社の社員たちは
休日返上でシールを貼った
手間もコストも
大変なものだ
泣く泣く絶版に
してしまった本も
多かったという…
P1500E
——これ以降出版される本は
税込みで
キリのいい価格にした
書店でのレジ打ちを
考慮したのだ

…そこへ消費税アップの追い打ち!!
ドゴォーン
これで皆あきらめた！税率が上がるたびシールを貼ってなどいられない！
やってられるかー!!
書籍の定価表示は税抜きでOKになった
じゃあなんで雑誌は税込表示なんだ？
週刊 文鎮
雑誌は次々と新しい号が出て古いものはすぐに破棄される
そのため税率が変わってもすぐに対応可能だ
早く早く！
さらに1円単位の釣銭など用意していられない駅の売店のことなど考え税込みでキリよくしたのだ
…なるほど
納得
そういうことだったのか
…しかし定価を順守するということは——
単行本はたとえ売れ残っても値下げして売りさばくことができないわけだ
むっ
では日々溜まっていく在庫本をどうするか？

そこで導入されたのが「委託販売制」——「返品条件つき買い切り」というシステムだ
一部の出版社や買切品や客注品などを除き期限内であれば書籍はいつでも返本できる
——また「常備寄託」というものもあり1タイトル2冊に限り1年間預かることもできる
返品された本は注文が入れば再び出荷される
いらないーい
じゃこっちに
取次
ほしーい
これにより各書店は在庫を抱えるリスクから解放されたのだ！

※実際は出版社で改装される

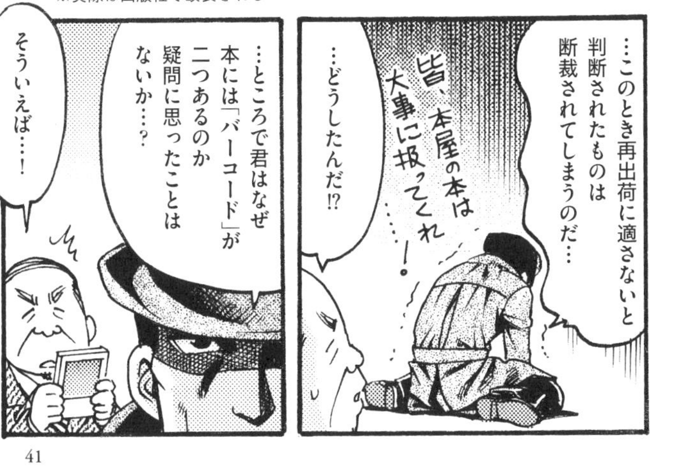
…このとき再出荷に適さないと判断されたものは断裁されてしまうのだ…
皆、本屋の本は大事に扱ってくれ……！
…どうしたんだ⁉
…ところで君はなぜ本には「バーコード」が二つあるのか疑問に思ったことはないか…？
そういえば…！

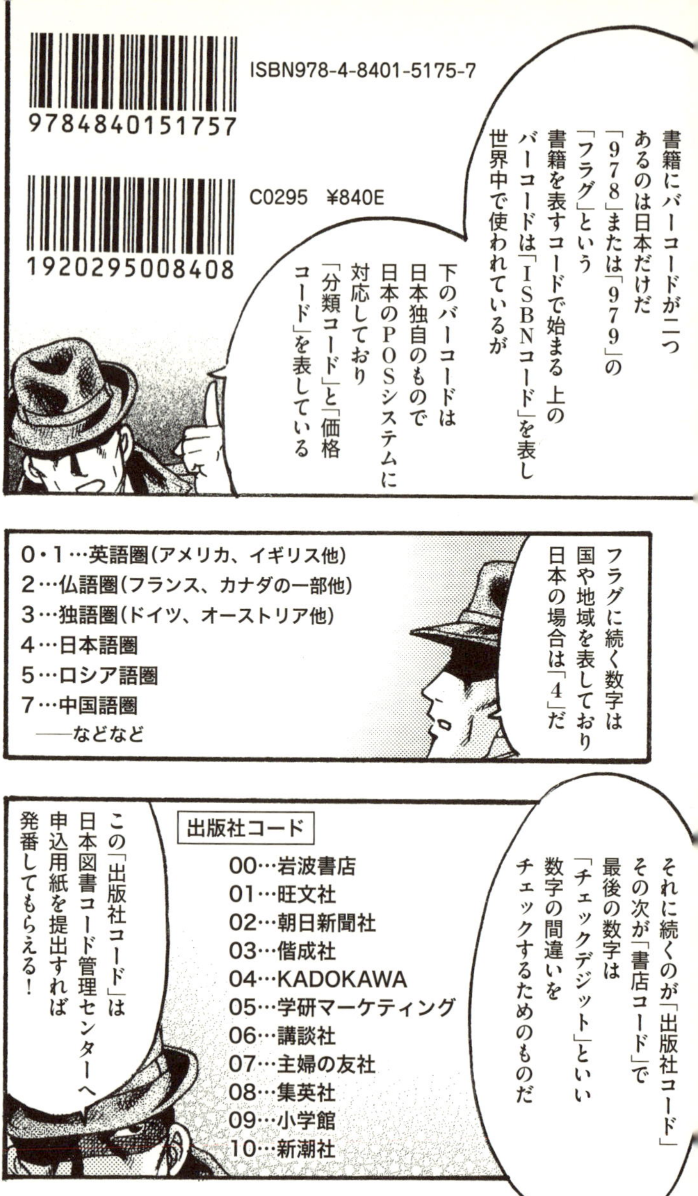
ISBN978-4-8401-5175-7
9784840151757
C0295 ¥840E
1920295008408
書籍にバーコードが二つ あるのは日本だけだ 「978」または「979」の 「フラグ」という 書籍を表すコードで始まる 上の バーコードは「ISBNコード」を表し 世界中で使われているが
下のバーコードは 日本独自のもので 日本のPOSシステムに 対応しており 「分類コード」と「価格 コード」を表している
フラグに続く数字は 国や地域を表しており 日本の場合は「4」だ
0・1…英語圏（アメリカ、イギリス他）
2…仏語圏（フランス、カナダの一部他）
3…独語圏（ドイツ、オーストリア他）
4…日本語圏
5…ロシア語圏
7…中国語圏
——などなど
それに続くのが「出版社コード」 その次が「書店コード」で 最後の数字は 「チェックデジット」といい 数字の間違いを チェックするためのものだ
出版社コード
00…岩波書店
01…旺文社
02…朝日新聞社
03…偕成社
04…KADOKAWA
05…学研マーケティング
06…講談社
07…主婦の友社
08…集英社
09…小学館
10…新潮社
この「出版社コード」は 日本図書コード管理センターへ 申込用紙を提出すれば 発番してもらえる！

下のバーコードの下部にある初めの3桁は2段目であることを表し消費税が3%から5%になったとき「191」から「192」に変更された
分類コード 0 2 04
販売対象コード
販売形態コード
内容コード
価格コード 00840
840円
それに続く4桁が「分類コード」でその次が「価格コード」最後が「チェックデジット」だ
——つまりこの二つの「書籍JANコード」で「どこの国のどの出版社の何冊目のどういう形態のどういう内容の本で値段はいくらか」ということがわかるのだ！
これ以上台詞《せりふ》だらけにするなよ おまえ！
…あれ？ けど雑誌のバーコードは一つだぞ
それは「雑誌コード」を表し大手取次「トーハン」が管理している
予備コード①
号数
チェックデジット
本体価格
491 0 01234 07 4 2 0 0672
フラグ
雑誌コード
年号
予備コード②
雑誌コードのしくみ
こんな感じだ
なんか急に説明が雑になったぞ!!

ところで…
1980年から「新再販制」が制定され 一定期間経過した本の価格拘束を外せるようになったのを知っているか？
特価本
版元が「非再販本」と認定した本は小売業者が自由に値段をつけられるのだ
こうした本を「バーゲンブック」とか「特価本」「B本」などという
スーパーやデパートで新品同様の本がワゴンに入れられ半値程度で売られているのを見たことはないか？
ああ…!
あれは返品された本や在庫本を買いつけたものなのだよ
そうだったのか…
あの… お客様 お会計を ——
あーやっぱ やめるわ それ
バーゲンになるの待つよ
その本はバーゲンブックにはならん!!
…と思う

第4話のうんちくを振り返ってみよう

雲竹雄三の教養再確認クイズ

テーマ

本値のホンネ

Q1 本はなぜ値下げしないのか？

Q2 書店はなぜ返品できるのか？

Q3 なぜ本にはバーコードが二つあるのか？

解答は次のページ

〈解答〉

A1 「再販制」と呼ばれる制度があるから

再販制(再販売価格維持制度)とは、本の定価を出版社が決め、書店は定価を順守しなければいけないというルール。メーカーが価格を決定するのは独占禁止法で禁じられているが、書籍、雑誌、新聞は文化維持の面で例外とされる。法によって本や雑誌が「再販商品」と定められたのは1953年。実際に制度が施行されたのは55年であった。

A2 「委託販売制」という制度があるから

委託販売制とは「一定期間内なら書店は出版社に商品を返品することができる」というシステムのこと。この制度により、書店は在庫を抱えるリスクを軽減することができる。なお、一部の出版社(岩波書店など)や買切商品、客注品(お客さんの注文を受けて個別に取り寄せた商品)などは例外。

A3 それぞれ別の情報を表している

本にバーコードが二つあるのは日本だけ。上のバーコードは世界共通に存在し、「ISBN コード」を表す。ISBN(＝国際標準図書番号)とは、本を発行形態・国・出版社・書名などで識別できるよう発番される番号のことである。下のバーコードは日本のＰＯＳシステムに対応しており、分類と価格を示している。

第5話

海の向こうの本屋さん

もあ
——失礼
日本の方…ですよね？
日本の雑誌を読んでらっしゃるから…
ご旅行ですか？
いいえ
ちょっと本を買いに
本？
この雑誌…日本の雑誌だけど日本ではまだ発売されてないの
え…？
雑誌は発売日の朝店頭に並べられるように1～2日前には配達されているの
でもそれを発売日前に売ることは許されないわ

これを破ると日本雑誌協会の雑誌発売日励行《れいこう》委員会から抗議され 場合によっては発売日当日にならないと本が届かなくされてしまう
――でも海外ならクレームもこないから 届いたその日に売り出せるわ 海外にある日本の書店には製本所から直《じか》に本が配送されるから特に早いのよ
そ…そのためだけにロスへ…!?
ええ
他にも本や雑誌をたくさん買ったわ
全部まだ日本では売られてないものよ
本がお好きなんですね…
いいえ
人より早く読みたいだけ!!
海外の雑誌も日本語版が出る前に読まなきゃ気が済まないのよ
…そうなんですか？

…だから「ナショナルジオグラフィック」みたいに英語版と日本版が同時に発売される雑誌は嫌い
きっぱり
……
各国同時発売なんて大きなお世話よ早く読みたいなら原語で読めばいいのよ!
映画とかCDとかも
ブツブツ
…はぁ…
け…けど海外の本は日本に比べると高いですよね——
店によっても値段も違うし…
それはアメリカやイギリスには「再販制」がないからよ値引き前提だから高めのカバープライスがついてるの
アメリカの書店の粗利率は40～50％で日本よりはるかに高いっていうわ
日本でも再販制の是非はずっと問われ続けてるけどイギリスではこの論争が法廷にまで持ち込まれ
結局自由価格制になったのよね…ご存じだったかしら?

…そ そういえば以前オランダのマーストリヒトですごい本屋を見つけたんですよ！
「セレクシーズ」っていう大手チェーン店なんですが１２９０年代に建てられたゴシック様式の「聖ドミニコ教会」を
歴史遺産として保護することを条件に店舗として使っているんですよあんなに美しい本屋は他にありませんよ！
アルゼンチンのブエノスアイレスには１９１９年建設の劇場を利用した「エル・アテネオ書店」があるわ！
ポルトガルのポルトにある「レロ書店」も負けてないわ優美な曲線の階段は観光名所になるほどよ
そうですか…

…あとね ドイツでは「書籍業学校」を卒業しないと書店員になれないんですって
これはかつての「マイスター制度」の名残りで いわば「書店員のプロ」養成学校ね
このドイツの学校を目指して作られたのが鳥取県米子《よなご》市にある「本の学校」よ 書店を開きたいなら一度行ってみるといいわ
…いや別に本屋をやる気は…
それ…
素敵な本ですね
ありがとう
「ルリユール」したのよ
ルリユール…？
フランスでは「アンカット」っていう断裁されていない状態の本が売られていて
それを買ってきて好きな表紙を付けて製本仕上げする習慣「ルリユール」があるのよ

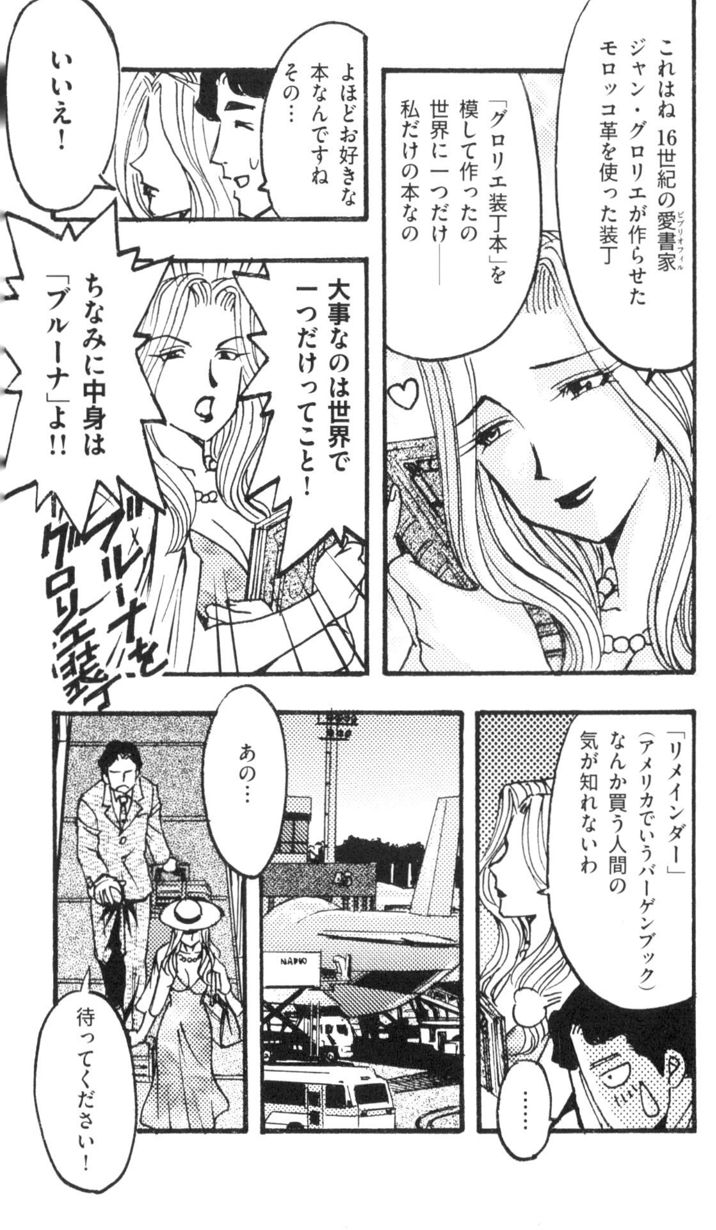
これはね 16世紀の愛書家《ビブリオフィル》
ジャン・グロリエが作らせた
モロッコ革を使った装丁
「グロリエ装丁本」を
模して作った
世界に一つだけ――
私だけの本なの
よほどお好きな
本なんですね
その…
いいえ！
大事なのは世界で
一つだけってこと！
ちなみに中身は
「ブルーナ」よ!!
ブルーナをグロリエ装丁
「リメインダー」
（アメリカでいうバーゲンブック）
なんか買う人間の
気が知れないわ
……
あの…
待ってください！

いかがです？
この後 食事
でも――
ごめんなさい
私…結婚してるの
別居中
だけどね…
え…
別居の理由
――知りたい？
私の買ってきた本
私より先に
読んだからよ！
雲竹優子《うんちくゆうこ》――
誰より早く本を読むことが
生きがいの女…

第5話のうんちくを振り返ってみよう

雲竹雄三の教養再確認クイズ

テーマ 海の向こうの本屋さん

Q1 オランダにある歴史遺産建築を店舗としている書店は？

Q2 ドイツの「書籍業学校」を目指して作られた日本の団体は？

Q3 天・地・小口などが切られていない状態で売られている本の呼称は？

解答は次のページ

〈解答〉

A1 聖ドミニコ教会を利用した「セレクシーズ・ドミニカネン」

オランダ南東部のマーストリヒトにある「セレクシーズ・ドミニカネン(Selexyz dominicanen)」の店舗は、1290年代に建てられた聖ドミニコ教会を改装したもの。「セレクシーズ」はオランダの書店チェーンである。ゴシック様式の美しい建築は歴史遺産になっており、オランダの観光名所となっている。

A2 鳥取県米子市の「本の学校」

ドイツにはプロの書店員を養成するための「書籍業学校」が存在し、日本でその理念を受け継いでいるのが、1995年鳥取県米子市に設立された「本の学校」である。出版にかかわる様々な情報発信や勉強会を主催する他、「出版業界人」育成事業として、書店人育成のためのワークショップなどを行っている。

A3 アンカット(uncut)

化粧裁ちとは、製本の最終仕上げとして本の中身の「天」「地」「小口」を切り離すこと。フランスをはじめヨーロッパでは、本の中身の一方、あるいは三方を「化粧裁ち」しない状態で売られている本「アンカット」(52ページ参照)を購入し、自分好みの製本をする習慣がある。

第6話

本屋さんの不思議な言葉

ねー見て見て
重版出来
「重版でき」だってー
「富士山でか」みたいなー？
それは——
「重版しゅったい」と読むのだよ！
文字どおり「出来上がる」の意味で「出来《しゅつらい》」が変化した語だ！
……知り合い？
知らん！
コイツ……！
ねーねー「新書」って何ー？
新書

新書とは――
新書判サイズ（約17×11㎝）の軽装廉価《れんか》の本のことだ！
グッ…
「新書」というと教養書と思われがちだがこのサイズの本はすべて新書であり――
小説の新書もあるのだ！
そしてこの本も新書だ！
この本…??
どの本？
行くぞ！
ねーねー
「辞典」と「事典」ってどー違うの？
あ!?
「辞典」は言葉の持つ意味・語源・用例を説明したもので
「事典」は主に事物について書かれたもののことだ！
……

もう一つ「字典」は漢字の意味や読み方が書かれたもので
それぞれ字典を「もじてん」事典を「ことてん」辞典を「ことばてん」ともいう！
ふーん
じゃー「辞典」と「辞書」は？
同じだ
「辞典」のほうがやや新しい呼び方なのだ
ねーねー
あれ？
この本上のトコが揃ってないよー？
やめろ聞くな！
本の上部を「天」という！——通常本は綴じた後背（綴じてある部分）以外を裁断してきれいに揃えるのだが…
ホラきた…
一部の文庫や新書は天を裁断できない！なぜなら——

「スピン」（紐しおり）が ついているからだ！
裁断してから 表紙を付ける ハードカバーと違い 文庫本の場合 スピンがあると 裁断処理できないのだ！
新潮文庫や古いブルーバックス にもついていることが あるので探してみよう
はーい
探さんで いい！
013年9月30日号 8月24日発売 編集人・石川
ねーねー
8月発売なのに なんで「9月号」 なのー？
聞くなっ
版元はより長く店頭に 置いてもらうためになるべく 先の日付を表示するのだ！
日本雑誌協会の自主基準で 週刊誌は発売日の15日先 月刊誌で45日先まで 発行日表示をのばすことが 許されている
……！

「発売日」が「発行日」より早いってなんか変――
発行してから発売じゃないのー？
まあそういう習慣なのだ
MOOK
旅
旅のガイドムック
MOOK
ねーねー「ムック」って何？
聞くなって……
ガー!!?
やめろ!!!
「ムック」とは「magazine」と「book」を合わせた語で雑誌と書籍の中間的な本だ
書籍コード
ISBN978
雑誌コード
雑誌 600
書籍コードと雑誌コードが併記されていて通常雑誌にはない「スリップ」も入っている
ほんとだー
マジでやめろお前!!
MOOK
書籍と雑誌…ってどー違うの？
「書籍」とは不定期に刊行される単行本や叢書《そうしょ》のことで
雑誌は同一タイトルで定期的に刊行するもののことだが
実はその境界はかなり曖昧《あいまい》だ
どきどき

なんで本って「1冊」「2冊」って数えるの？
紙ができる以前は竹や木の札（竹簡《ちくかん》・木簡《もっかん》）を紐で縛って束ねたものを使用したこの束ねた状態を象形文字で表したのが「冊」だ
エジプトのパピルスも同じ「巻子《かんす》」であったがヨーロッパで使用された羊皮紙はつなぎ合わせることが難しく「冊子体」(codex)の形態が生まれた
日本では11世紀頃まで収納スペースを取らない巻子本《かんすぼん》——いわゆる「巻物《まきもの》」が主だったが
つつつ
「読むのが大変」という当たり前の理由から蛇腹に折った「折本《おりほん》」が登場しやがて冊子体へ移行する
だよねー
「ペーパーバック」って何？
「紙表紙本」——海外における文庫本のことだ
日本と違い普通カバーはつかない
「書き下ろし」って何？
単行本用に新たに書かれた未発表作品のことで漫画では少ないが小説は書き下ろしが多い
のべる
書き下ろし
因みにこのマンガも書き下ろしだ

「グラビア」って何？
グラビアとはグラビア印刷――「凹版《おうはん》印刷」のことでコストは高いが印刷のクオリティーは高い
しかし現在ではオフセット印刷（平版印刷）の技術も向上し いわゆる「グラビアページ」もオフセットで印刷されていることが多い
「BL」って何？
BLコーナー
！
び…BLとゆうのは…「ボーイズ・ラブ」の略で…
「ボーイズ・ラブ」って何？
それはつまり…男…同士の…
ごにょごにょ
男同士の何？
おまえ…わかってて聞いてるだろ？
性格ワルイな…
ねえねえ

第6話のうんちくを振り返ってみよう

雲竹雄三の教養再確認クイズ

テーマ

本屋さんの不思議な言葉

Q1 「辞典」「事典」「字典」はどう違う?

Q2 「ムック」の語源は?

Q3 本はなぜ「1冊」「2冊」と数えるのか?

解答は次のページ

〈解答〉

A1 それぞれ内容が違う

『広辞苑』などに代表される「辞典」は、言葉の意味、語源、用例を解説したもの。「事典」は、言葉を手がかりに事柄について解説したもの。たとえば百科事典などが事典にあたる。「字典」は、漢字の意味や読み方を解説したもの。字引ともいわれる。ちなみに「辞書」という言葉は、この3つすべてを包括している。

A2 雑誌(magazine)と本(book)を合わせた言葉

その名のとおり、書籍と雑誌の中間的な存在として生み出されたのが「ムック本」。雑誌のような定期刊行ではなく、返品期限も長い。その一方、ふろくをつけたり、広告を載せるなど、書籍では行えない工夫も可能。1990年代初頭から売上げを伸ばし始め、現在はブランドとコラボレーションしたグッズつきムック本などが人気を集めている。

A3 「冊」は紀元前1千年頃の本の形を表した象形文字

紙が普及する以前は「木簡」「竹簡」と呼ばれるものが紙の役割を果たしていた。その名のとおり木や竹に文字を記したものである(63ページ参照)。文章が長い場合は複数本の木簡や竹簡を使い、バラバラにならないよう紐で縛る。これを束ねたものが「1冊」。束ねた状態を表したのが「冊」の文字なのだ。

第7話
書棚というキャンバス

※・ストッカーを勝手に開けてはいけません

……
…書店員が「棚作り」にどれほど心血を注いでいるか知る者は少ない…
わあっ
あ…
あんたこないだの…!!
多くの書店では棚ごとに担当者が決まっておりその棚作りは担当者に一任されている…
文芸書なら文芸書担当
児童書なら児童書担当
コミックスならコミックス担当とそれぞれのプロフェッショナルがおり
独自のセンスでそれぞれの棚を作っているのだ!

…君は 新書と文庫担当だな?
うちみたいな普通の本屋は「パターン配本」で棚の半分以上は埋まるけど
残りの棚をどう埋めるかは担当者の腕の見せどころなんだ…
…はい…
「パターン配本」とは「取次」が各書店の実績や規模をもとに莫大な数の出版社の新刊を配本するシステムのことである!
誰に言ってんすか?
君は——
「今泉《いまいずみ》棚」を知っているか!?
も…
もちろんです!!
かつて池袋の「リブロ」で人文書を担当していた「今泉《いまいずみ》正光《まさみつ》」が作り上げた「クロスオーバー・セレクション」
ジャンルを超えたセレクトで日本で最初に「棚作り」で書店の個性をアピールし
「ニューアカ」を牽引したといわれているんだ!

…それは「今泉棚」と呼ばれ広く知られるようになった…
僕たち書店員にとっては伝説です…！
君の言うとおり「今泉棚」は80年代のニュー・アカデミズムブームにも多大な影響を与えた
今ではよく見られる「××氏が選ぶ50冊」のような棚作りもリブロが草分けだという
「紀伊國屋書店新宿本店」の「じんぶんや」もそうしたコーナーの一つだ月ごとにテーマを決め「本読みのプロ」が本を選ぶ
「ジュンク堂書店池袋本店」の「作家書店」コーナーでは選者である作家が棚作りも請け合うという
京都の「ガケ書房」の棚作りはかつて話題になった！客が間違えて棚に戻した本をあえて直さないのだ
「ハプニング書棚」といって思いがけない出会いを客に提供していたそうだ
「book union」では本を音楽のように分類している
たとえばモッズファッションは「ブリティッシュロック」タバコの本は「ジャズ」といった具合だ

…そして
全国から客が訪れるという
京都市の「恵文社《けいぶんしゃ》一乗寺店」の
書棚はとにかく美しい！
アンティーク家具が並ぶ
店内にジャンル分け表示は
一切なく雑誌も書籍も
区別なく並べている
文庫も漫画も同様に
「食」や「建築」の他
「猫」「乙女」「時間」など
独特のセンスでシームレスに
ジャンル分けされている
こうした
独自の棚作りが
思いがけない
ベストセラーを
生むこともある
のだ
そう！
そうなんだ!!
たとえば「石」を
テーマにした漫画を
鉱物関係の棚に置いたら
急に売れ出したし
地元作家のコーナーを
試しに作ったら
評判よくて
常設になったんだ！
今週のランキ
ウチはいわゆる「セレクト
ショップ」みたいな
お洒落な店じゃないけど——
売れ筋をランキングしたり
いろいろと工夫して
棚作りしてるんだ！

人の目は無意識に左から右へ動くという…
そのため棚差しの本は通常左上から右下へと並べられており
それに合わせて店内も人が右回りで流れるように造られている書店が多い
えっ
そーだったのか!
またある書店員は出勤すると棚差しの本をすべて1cm前へ出すという
そうすることで本を取り出しやすくすると共に 前日客が手に取った本がわかるのだそうだ
な…
なるほど!
レジ下など陰になるところはあえて本を逆向きに置いてタイトルを見やすくしたり——
な
なるほど!!
平積みの本が足りなくなると別の本や空き箱で上げ底をして高さを揃えたり
美しく見やすい売場にしようと尽力しているのだ!
本を取ったら別の本が出て来た事はないか?
あーウチもよくやりますコレ
平台の奥の列は取りやすいよう高くしたりとか

あとやっぱり相性のいいジャンルってのがあって
「旅本」と「グルメ本」とか
児童書と料理本とか
なぜか「サイエンス」と「オカルト」とか
成人雑誌は「車・バイク」系と相性がいいらしいな
車・バイク
CAR
BIKE
旅
食べ歩き
…しかしやはり書店員のいちばんの喜びは好きな本を並べることだろう…!
そーなんですよ!
書棚を見ると結構担当者の好みがわかっちゃったり…
──あ でも別に好きな本ばっか並べてるわけじゃ…
お客様の好みが優先ですよ もちろん!
…そーなんだよ
お客様のためなんだ…
売れるからなんだよ…!!
ゆらっ
…ウチの成人雑誌コーナーに「人妻」「熟女」系がやたら多いのは…
俺の趣味じゃないんだ!
需要があるからなんだよ! そんな目で見ないでくれ!!
…いや別に変な目で見てないですよ…
うっ
うっ
うっ
うっ
↑雑誌担当

第7話のうんちくを振り返ってみよう

雲竹雄三の教養再確認クイズ

テーマ 書棚というキャンバス

Q1 1980年代、リブロ池袋本店で伝説となったセレクト書棚の名前は?

Q2 紀伊國屋書店にある「本読みのプロ」によるセレクト書棚の名前は?

Q3 ジュンク堂書店にある作家によるセレクト書棚の名前は?

解答は次のページ

〈解答〉

A1 今泉正光氏による「今泉棚」

1982年、リブロは「書店を文化の拠点」とするため、ある書店員を池袋店に投入した。その人物が今泉正光氏。人文書を中心とした独特な棚作りは伝説となり、80年代に台頭した「ニュー・アカデミズム」(ニューアカとも)ブームを牽引したともいわれている。

A2 新宿本店の「じんぶんや」

「世にあふれかえる書物の山から厳選した本を、お客様にお薦めできるようなコーナーを作ろう」というコンセプトのもと、2004年に新宿本店5階売場にオープンしたセレクト書棚。月ごとにテーマが変わり、そのテーマに精通したプロの本読み(学者や評論家、編集者など)が選んだ本を展開している。

A3 池袋本店の「作家書店」

ある作家、学者、ジャーナリストら1名を「店長」として迎え、その人のセレクトによって書棚を作ってもらう「作家書店」。ジュンク堂書店池袋本店のこの試みは2003年から始まり、7階の売場の奥にある、広い特設スペースで開催されている。

第8話
お探しの本はここにあります

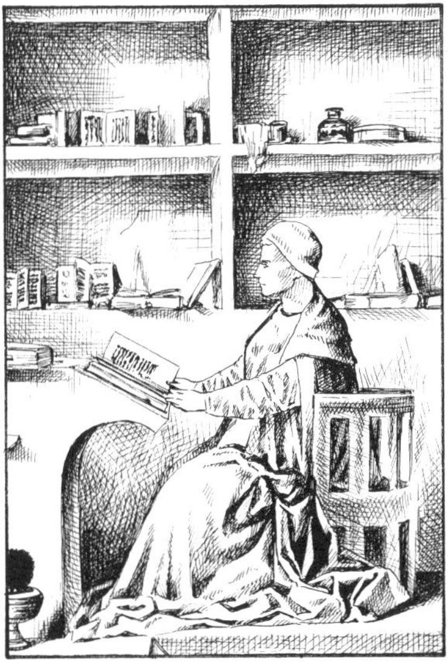

四国の地図…ですか？
すいません…関東圏の地図以外は全国地図しか——
もっと詳しいのがほしいんだけど…
地図を探すなら池尻《いけじり》大橋《おおはし》の「日本地図センター」へ行け！
そこは古今東西の地図はもちろん海図や山岳図まで揃う地図専門店だ！
そうかじゃあ行ってみるよ
あのー
……
『モーターサイクル100年史完全版』って本ある？

あー…すいませんその本はウチには…
車とバイクの本を探すなら世田谷の「リンドバーグ」へ行け！
そこは写真集をはじめ一般流通にはまったく乗らないプロ用の整備書まで置いているのだ！
へー
……
スイマセーン
デュシャンの本探してるんですけどぉ〜
…え？デュシャ…ン？
現代芸術の本なら恵比寿の「NADiff a/p/a/r/t」へ行け！
そこは知る人ぞ知る西武美術館のミュージアム・ショップ「アール・ヴィヴァン」の社長 芦野《あしの》公昭《きみあき》が作った店で画集やCDやアーティストグッズも揃っている！
へー

……
店長ぉー
この鉢植え枯れちゃってますよ～
園芸書なら農文協の店「農業書センター」へ行け！
!?
農協組合員しか入手できない非流通本を多く取り揃えており一時絶版となった『農薬を減らす100の方法』もこの店の要望で復刊した！
…はぁ…
ママ～ひこーきの本ないー
あら そう?
飛行機の本なら「ブックスフジ羽田空港店」へ行け！
空港内にある書店らしく航空関係の本や雑誌はもちろんDVDも売っているぞ

料理の本なら大阪千日前《せんにちまえ》にある「波屋《なみや》書房」！
料
コンピュータの本なら東京・秋葉原の「書泉《しょせん》ブックタワー」！
!?
パソコンで筋トレ
虫の本なら北海道・札幌の「南陽堂《なんようどう》書店」！
64
——そして海と船の本を探すなら神戸・元町《もとまち》の「海文堂《かいぶんどう》書店」
ここは海事専門出版社「海文堂出版」の出店でインディーズ本も多彩だ！
行けねーよ……！
ここは東京都内
先月の『月刊うんちく』買い忘れたー!!
「ブックファースト新宿店」へ行け
日本の雑誌ほぼすべてを網羅し バックナンバーも取り揃えている！

家をリフォームしたい！
建築関係の本なら神保町の「南洋堂《なんようどう》書店」だ
建築一筋50年ほど店舗部分は建築家菊地宏《きくちひろし》のデザインだ！
旅に出たい…
旅の本なら青山「BOOK 246」
ガイドブックだけでなく旅情を誘う小説写真集 エッセーなど満載だ！
絵本作家になりたいの♡
吉祥寺にある「トムズボックス」へ行け！
インディーズ絵本を取り揃えた店で自費出版本の手助けもしてくれる
この人チカン!!
ち…違うっ!!冤罪《えんざい》だっ！
大阪の「法政書房」へ行け！
大阪高等裁判所の地下に店舗があり法律関係の本や雑誌を多数揃えているぞ！

国内の 1万4千軒を超える 書店は 配本される 本をただ並べる店 ばかりではない！
独自の品揃えで 個性際立つ書店が たくさんあるのだ！
陶芸の本なら栃木県 益子《ましこ》の「添谷《そえや》書店」！
仏教の本なら京都 東本願寺の「法蔵館《ほうぞうかん》書店」！
“歯”の本なら文京区 デンタルブックセンター 「シエン社」！
歯医者さん 御用達《ごようたし》だ
あたくしセレブだし 有名人だし
町の本屋さんなんて 行けませんわ
…という人にも ぴったりの場所 がある
それは——

森タワー49階にある「六本木ライブラリー」
名前は図書館だが貸出はしない蔵書は購入も可能!
完全会員制の「天空の書斎」だ
OH
ちなみにオフィスメンバーが入会金30万円 月会費9万円 コミュニティメンバーが入会金1万円 月会費9千円だ※!
すいませーん
JRの時刻表ありますかー?
※税抜価格
鉄道の本なら神保町の「書泉グランデ」に行け!
あの店なら貨物列車の時刻表まで手に入るぞ!
待てーっ
ある!
時刻表ぐらいあるぞー!!
JR

雲竹雄三の教養再確認クイズ

テーマ お探しの本はここにあります

Q1 大阪・千日前の料理関係の本に特化した書店は?

Q2 神戸・元町の海と船に関係する本に特化した書店は?

Q3 東京・神保町にある鉄道ファンの聖地といわれる書店は?

解答は次のページ

〈解答〉

A1 料理人も通う品揃えの波屋書房

レシピはもちろん歴史や経営関係まで、約30坪の面積の半分が料理に関係する本だという波屋書房。大正8年創業の老舗《しにせ》である。黒門市場や道具屋筋など料理店が多いエリアに位置し、有名シェフも通うという。ちなみに初代オーナーは大阪の竹久夢二といわれた画家・宇崎純一《すみかず》。

A2 全220坪の大型書店 海文堂書店

海、船舶、港湾など海事関連書の専門書店として大正3年に創業し、1970年代に総合書店を目指し品揃えを拡張した海文堂書店。船員や航海士などプロのための専門書はもちろん、海に関するエッセイや写真集、自主出版物やクルーズ雑誌、ヨット雑誌のバックナンバーなど幅広く取り扱っている。

A3 DVDやグッズも多数取り揃える 書泉グランデ

昭和23年に創業し、「書泉グランデ」「書泉ブックマート」「書泉ブックタワー」を都内で展開する株式会社書泉。神保町の靖国通り沿いに位置する書泉グランデは、総合書店ながら鉄道ファンをうならせる品揃えで有名。鉄道に関するＤＶＤやグッズ類も充実し、イベントも頻繁に行われている。

第9話
本屋さんvs万引き

万引きのことを書店では「スリップ」ともいう
びくっ
それは万引き犯がスリップだけ抜いて捨てていくことが多いからだと思われるが他にも「8番」など番号で呼ぶ書店もある…
……
な…なんだアイツ…!?
補導員か……?

写真集
Brilliant
高値で売れる写真集は万引きに狙われやすい
！
――そのため高価な本やDVDはレジ近くに陳列するところも多い…
……
通常万引きは店を出た時点で「犯罪成立」となるが店内でも懐《ふところ》やカバンに入れた時点で「既遂《きすい》」となる可能性もある！
プレゼント応募券やふろくだけを抜き取るのももちろん犯罪だ…！

未会計の商品は持ち込まないで
ぱら
ぱら
トイレなどにスリップを捨てていく万引き犯も多いが盗んだものと照合すれば確かな証拠になる！
万引きした商品は当人に買い取ってもらう店が多いがそれとは別に損害賠償を請求されることもある
洋式
……
バン
近隣に「新古書店」（大手古書チェーン店）ができると万引きが増えるという噂も聞くが実態はわからない…

近年は携帯やスマホを使った「デジタル万引き」が増加しているがこれも無論 違法行為だ！
また医学書コーナーなどあらぬところに置かれたコミック本は万引きをあきらめた跡であるともいわれている
…いい加減にしろよ！
なんなんだよテメー!?
万引きの語源は「間引《まび》く」であるという…
万引きは刑法235条「窃盗罪」にあたり10年以下の懲役または50万円以下の罰金だ
逃亡の際 店員にケガでもさせれば傷害罪にもなりうる！
マ…マジ!?
「万引きくらい」…と思っている者も多いが
万引きは断じて「軽犯罪」などではない！

万引き被害率は売上げの1～2％
平均すると1店舗あたり
年間200万円以上ともいわれる
もともと書店の利益率は
小売業ではきわめて低く
万引きを含む「ロス率」が
2％を超えると
もはや利益を出すのが
難しくなる
実際 万引きによって
閉店に追い込まれた
書店も少なくない！
――無論 書店側も
手をこまねいては
いない！
東京・町田の久美堂《ひさみどう》は
棚奥にミラーを貼る
という方法で
話題となった
また福島県の
ある書店では
業《ごう》を煮やした店主が
万引き犯の映っている
ビデオを店で販売し
絶大な効果を
あげたという
帳簿上の在庫数から
実際の在庫数を引いて
売上高で割ったものを
「棚不足率」という
棚不足率＝
帳簿在高－実在高
売上高
百貨店の書籍売場の
棚不足率は
常にワースト級
だそうだ
検挙される刑法犯の
トップは万引きだ
それだけ軽い気持ちで
万引きする者が多いのだ

しかし万引きは明確なる犯罪であり刑事訴訟法213条により現行犯であれば何人《なんぴと》でも――
つまり他の客や店員が万引き犯を逮捕してもいいのだ！
そ、なんだ
万引きは近年著しく増加している
不況やモラルの低下などの要因がいわれるが――
私に言わせれば最大の要因は「想像力の欠如」！万引きされる書店員の気持ち
その本を書いた著者の気持ちそして…
「本」の気持ちを想像すれば万引きなどできるはずがない!!
おおーーッ
パチパチ
パチパチ
パチ
バサッ

返しゃいーんだろ
返しゃあ!!
おみごと!
あなたはいったい…!?
パチ
パチ
名乗るほどの者ではない…
ぱさっ
こ…これは!?
あ…
いやそれはさっき私が買った…
スリップが挟《はさ》まったままだぞ!?
なにっ!?
そんなはずは…きっと店員が抜き忘れて…
…ちょっと一緒に来てもらえますか?
この日に限ってカバーも袋も断ってしまったことを激しく悔やむ雄三であった…

雲竹雄三の教養再確認クイズ

テーマ 本屋さんVS万引き

Q1 携帯電話のカメラなどで本の中身を撮影することを何と呼ぶ?

Q2 万引きで捕まるとどんな刑罰が科される?

Q3 代表的な書店の万引き防止策二つとは?

解答は次のページ

〈解答〉

A1 「デジタル万引き」商業利用目的で公開すると犯罪に

携帯電話やスマートフォンのカメラ機能を使い、本や雑誌を買わずに中身(情報)だけ持ち帰る行為をデジタル万引きと呼ぶ。撮影した内容を不特定多数に公開し、商売などに使えば著作権法違反となる。しかし公開するしないにかかわらず迷惑行為に変わりはないので、店側は客に禁止することができる。

A2 10年以下の懲役 または50万円以下の罰金

万引きは刑法235条「窃盗罪」にあたる立派な犯罪。他人の財物を盗んだ者は10年以下の懲役、または50万円以下の罰金が科されると定められている。書物も例外ではなく、たとえば過去には、1400円の雑誌の数ページを破いて持ち去った罪により、20万円の罰金支払いが命じられた例もある。

A3 ①防犯ミラーを設置 ②防犯カメラを設置

書店が講じる万引き対策は様々だが、漫画では代表的な二つを紹介した。万引き犯は防犯ミラーをつい見てしまうため、自分自身の姿を見せ、良心に訴える効果がある。防犯カメラは撮影を見せつけて威嚇するため「あえて見せる」場合もあるが、犯行現場を捕えるよう「隠す」場合も。

第10話
Book of No.1

わー
すごいおっきー本屋さんねー
たいしたことないよ
日本一広い書店は札幌にある「コーチャンフォー」って店だよ
そうなの？
「コーチャンフォー新川《しんかわ》通り店」2600坪
…？
わー
見て見て拓ちゃん
すごいおっきー本！
たいしたことないよ
世界一大きい本は縦150cm横112cmあるんだよ
『Bhutan：A Visual Odyssey Across the Last Himalayan』価格は1万ドル　重さ60kg

逆に世界一小さい本は日本の「凸版《とっぱん》印刷」ってトコが作った本なんだ
『四季の草花』0・75㎜角 2万9400円
……
かぐや
かぐや姫…「竹取物語」は日本最古の小説なんだよ
へえー
9〜10世紀頃 作者不詳
でも世界最古はペトロニウスの「サテュリコン」って小説なんだ
1世紀中頃ローマの風俗を描いた風刺小説だ
しかしこれは16巻中2巻しか現存せず完全な形で残っている最古の小説は2世紀中頃に書かれたアプレイウスの「黄金のロバ」だ
……

ギネスブック認定
史上最高のベスト
セラー作家は
「アガサ・
クリスティー」
小説80篇
戯曲19篇
総販売部数
20億冊!!
ギネスブック認定
世界最多作品数の
漫画家は
「石ノ森章太郎」
770作品を
収録した
「石ノ森章太郎
萬画大全集」は
全500巻!!
世界最古の字書は
漢時代の
「説文解字《せつもんかいじ》」!
おろ
おろ
現存する
世界最古の
印刷物は764
~770年に
日本で作られた
「百万塔陀羅尼《ひゃくまんとうだらに》」!

世界一大きい雑誌はアラブ首長国連邦で作られた「デイ&ナイト・ジュエリー・アンドウォッチマガジン」拡大版
100×70cm 188頁《ページ》！
世界一大きいカタログはポン・プリS2社のファッション・カタログ「ポワラ！」拡大版
1.2×1.5m 212頁！
蔵書数世界一は500万冊を有するロンドンの「フォイルズ書店」だ！
京都の「佐々木竹苞《ちくほう》書楼」は寛延4（1751）年創業で現在の店舗も約150年日本最古の古書店といわれている！
〝世界一空白の多い本〟アン・リディアット著——
『ことばもなく…』は全52頁真っ白の本だ！
本かそれ!?

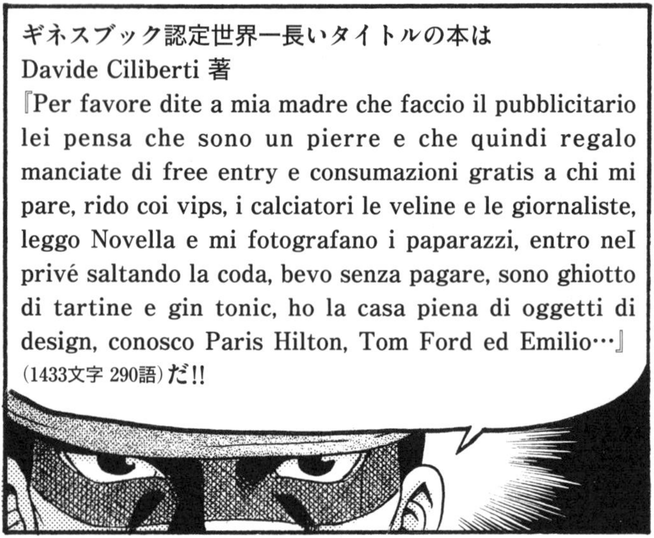
ギネスブック認定世界一長いタイトルの本は
Davide Ciliberti 著
『Per favore dite a mia madre che faccio il pubblicitario lei pensa che sono un pierre e che quindi regalo manciate di free entry e consumazioni gratis a chi mi pare, rido coi vips, i calciatori le veline e le giornaliste, leggo Novella e mi fotografano i paparazzi, entro neI privé saltando la coda, bevo senza pagare, sono ghiotto di tartine e gin tonic, ho la casa piena di oggetti di design, conosco Paris Hilton, Tom Ford ed Emilio…』
（1433文字 290語）だ!!

ちなみにダニエル・デフォー著
「ロビンソン・クルーソー」の正式タイトルも
『The Life and strange surprising Adventures of Robinson Crusoe, of York, mariner, who Lived Eight-and-twenty years all alone in an uninhabited Island on the Coast of America, near the mouth of the great River Oroonque, having been cast on shore by shipwreck, where-in all the men perished but himself. With an Account how he was at last strangely delivered by Pirates, Written by Himself.』
という恐ろしく長いものだ！

日本にも長いタイトルの本はある！
横《よこ》尾《お》忠則《ただのり》著『悩みも迷いも若者の特技だと思えば気にすることないですよ。皆そうして大人になっていくわけだから。ぼくなんかも悩みと迷いの天才だったですよ。悩みも迷いもないところには進歩もないと思って好きな仕事なら何でもいい。見つけてやって下さい。』だ！
わぁああん
拓ちゃん！いいのよ いいのよ
えっ
拓ちゃんは負けてないよ帰っておやつにしましょ！
えっ
ま…待て！
最後にもう一つだけ言わせてほしい…
世界一のベストセラーはいうまでもなく推定発行部数60億部の「聖書」だが――

ギネスブック認定著作権のある書籍で史上最高のベストセラーは『ギネス世界記録』そのもの!!
ギネス世界記録2013
欧米で最も多く出回る版は3858tの紙と4万8500ℓのインクを使い3台の輪転機で95日がかりで印刷されるという!!
…おじさん…
ぐすっ
世界一大人げないね
…精進したまえ少年…

第10話のうんちくを振り返ってみよう

雲竹雄三の教養再確認クイズ

テーマ Book of No.1

Q1 日本一広い書店の名前は？

Q2 日本最古の古書店の名前は？

Q3 世界最大のベストセラーとは？

解答は次のページ

〈解答〉

A1 コーチャンフォー新川通り店

札幌の新川にある「コーチャンフォー」の総面積は2600坪(武道館のアリーナの約3.4倍)！　超大型の複合店で、膨大な蔵書数を誇る書籍売場の他、文具売場、CD売場、カフェ、レストランも併設している。しかも、そのすべてをワンフロアで展開。北海道ならではのゴージャスな土地の使い方といえる。

A2 佐々木竹《ちく》苞《ほう》書楼 創業は寛延4年

京都市中京区の寺町にある古書店・佐々木竹苞書楼は寛延4(1751)年に創業したとされている。現在の店舗は「天明《てんめい》の大火」(1788年)と「蛤《はまぐり》御門《ごもん》の変」(1864年)による2度の焼失を経て再建された建物だ。それでも150年近くの歴史がある。これまで多くの文人がこの書店に通い、文化サロン的な存在としても愛されてきた。

A3 「聖書」 通算60億部ともいわれる

世界最大のベストセラーといえば、いわずと知れたキリスト教の聖典『聖書』である。15世紀に活版印刷技術が確立して以降、世界中に広まり、2450以上の言語に翻訳されているという。諸説あるが、通算部数は推定60億部とも。

第11話

神保町で会いましょう

――あ
見てー本捨ててある――
そこの古本屋が出したんだろ
なんか面白い本ないかなー
おいよせよ怒られるぞ!
だって捨ててあるんだよ?
資源ゴミは持ってっちゃダメなの
ゴミ捨て場に書いてあるだろ?
そのとおり!…しかしそれは捨ててあるのではない
通行人に持っていってもらうために店主が置いておいたのだよ!
…!!
出た……!!
ホント?
「古本の街」神田・神保町の慣習なのだ

近年はあまり見られなくなったが――
タダでもいいからもらってほしいという店主の気持ちであろう
わーい♡
じゃもらってこ
…ただしゴミの集積所に置かれている本は決して持ち帰ってはならない!
あーコレ落書きしてある
おそ
なんだろ「おそ」って?
それは「符丁《ふちょう》」だ
ふちょう?
古書店で使われていた暗号だ現在ではあまり使われないが――
1−お　2−こ　3−そ　4−と
5−の　6−ほ　7−も
8−よ　9−ろ　10−を
このように数字をひらがなで表し仕入値などを本に書き込んでいた
「おそ」は１、３――おそらくその本の仕入値は１３０円か１３００円だろう

もったいなーい
ブック○フに売ればいーのに
古本屋が古本屋に行くかよ
そんなことはないぞ
古本屋が他の古本屋で掘り出しものを探すことはよくある
特に新古書店では稀覯《きこう》本もマニュアルどおりの値段で売られている
OFF
本お売り下さい
ラッキー!
そういう本を見つけて高値をつけて売ることを「セドリ」といいそれを商売にする者を「セドリ師」という
それ儲かるの!?
明日行こ!ブック○フ!
…素人《しろうと》にできることではない…
タイカレー
タムサク
わー美味しそう♡

神保町って カレー屋 多いよねー
だな
…それは カレーは 本を読みながら片手で 食べられるからだと いわれている
最近の研究によれば カレーと読書は共に ストレス解消効果が 高いとか
つまり神保町は ストレス解消に 最適の街と いうわけだ
まだ いたのかよ ……
ふーん
ちなみに「神田カレーグランプリ」という150店以上ある カレー屋のNo.1を決める 大会も行われている
帰れよ もう…
詳しく知りたければ「本と街の案内所」へ行け 神保町にある書店と 飲食店の情報を 教えてくれるぞ
がつ
がつ
書店
書店 古書買入
本

…神保町ってなんでこんな本屋多いんだろ？
あ？
もともとこのあたりは江戸幕府に仕える武家の屋敷町だった
元禄時代「神保《じんぼ》伯耆守《ほうきのかみ》」という旗本の屋敷があったことがその名の由来だという
それが「本の街」になったのは明治の初め――
東大の前身「東京開成学校」が一ツ橋通りに開校したことが始まりだ
その後 明治、一橋法政、日本大学など次々と大学が誕生し
その学生や学者を相手に専門書を扱う書店が集まったのだ
明治・大正期には岩波書店小学館、集英社、冨山房《ふざんぼう》など新興の出版社に加え多くの取次や印刷所も集まり
名実共に世界一の本屋街となったのだ

神保町交差点を挟《はさ》んで東西に延びる靖国通りを中心に６００ｍほどの一帯に約１６０軒の古書店と70軒の新刊書店が並ぶ
「本の街」と呼ばれる場所は世界中にあるが書店の集中度とその専門性においてこの神保町の右に出るところはないという…
新古書店の進出により旧来の古書店が次々と消えていくなかこの街はいまだ健在だ
ファンだけじゃない江戸川乱歩や池波正太郎高村光太郎…
多くの文士たちが通った老舗喫茶店が今も軒《のき》を連ねている
１９６０年に始まった「神田古本まつり」では１００万冊の大バーゲン「青空掘り出し市」やチャリティーオークションの他 各飲食店が露店を出し日本全国から多くの愛書家《ビブリオフィル》たちが集まる
話が長《なげ》え…
読みとばされるぞ
古本屋巡りって楽しーよね!
宝探しみたいで

日に数百もの新刊が入ってくる新刊書店では少し前の本はもう見られなくなる
そうした「出会い損ねた本たち」と出合える場所――
それが古書店の魅力なのだ！
――では私はこれで…
どこ行くの？
駅こっちだよ
誰にも拾われなかった本たちを拾いに――
…難儀なヤツ…

第11話のうんちくを振り返ってみよう

雲竹雄三の教養再確認クイズ

テーマ 神保町で会いましょう

Q1 神保町が本の街となるきっかけを作った学校の名前は？

Q2 神保町交差点を挟んで東西に延びる大通りの名前は？

Q3 神保町の最大のお祭りといえば？

解答は次のページ

〈解答〉

A1 東京大学の前身である「東京開成学校」

江戸時代、皇居に近接している神保町には武家屋敷が立ち並んでいた。街の様子が変わってきたのは明治時代に入ってから。東大の前身である東京開成学校が開校すると、それに続いて私立大学も次々に誕生。それらの大学に通う学生や教員を客とした専門書店が増え、出版社や取次会社、印刷会社も集まっていった。

A2 靖国通り。古書店や新刊書店が並ぶ「神保町の中心」

専大前交差点から駿河台《するがだい》下交差点にかけての靖国通り沿い一帯は、本好きのメッカといわれる書店街。もともと神保町のメインストリートといえば「すずらん通り」だった。しかし、明治39年の市電の開通から街の様子が変化し、靖国通り沿いに多くの書店が集中するようになったという。

A3 1960年から始まった「神田古本まつり」

1960(昭和35)年に始まった神田古本まつりは、10月下旬～11月初旬の期間の1日に盛大に開催される。屋外に書棚が設置される古本の大バーゲン「青空掘り出し市」をはじめ、貴重な古書の即売会や、チャリティーオークションなど様々なイベントが行われる。神保町が一気ににぎわうこの祭りは、東京名物の一つにもなっている。

第12話
あんたが大賞！

BOOKS
ありがとーございまーす
がんばってください！
いやもー今日は朝からすごい行列で…
大変でしたよ！
そう？
…おいそろそろ列が切れるぞサクラ回せ！
私ダメですもう2回並びました！
俺も
くっそ〜！今年は当たると思ったのに…！
もーやめませんか？
毎年受賞者にヤマ張ってあらかじめサイン会をセッティングしとくの…
受賞してからじゃ遅いだろうが!!
ウチなんか来てくれると思うか!?
毎年外してるじゃないですか！

そう…文学賞はギャンブルだ
受賞作が決まってから発注しても遅い！
発表されたその日に「××賞受賞！」の帯を付け（なぜかすでにある）ポップを立て平台に山積みするのだ！
候補作のどれを仕入れるかはまさにギャンブル…!!
……
誰だアンタ!?
何でここでお茶飲んでる!?
芥川賞・直木賞の発表はなぜ2月と8月なのか…
それは「文藝春秋」の生みの親「菊《きく》池《ち》寛《かん》」が新進作家の育成を促すと共に
雑誌の売上げが落ちる2月・8月――いわゆる「ニッパチ」対策で作ったからといわれている…

ここは関係者以外立入禁止だよ！
知ってるよそんなことは！
店長！サイン会の客がもういません！
なにっ
ああんた頼む！サクラやってくれ
サイン本タダであげるから！
どん
……
…えーと今日は新作『マアトの羽根』のサイン会なんだけど…
私はこっちのほうが好きなのだ
お客様っ
すいませんすいません！

こっちの新刊でお願いします！
…君は芥川賞と直木賞の違いを知っているか？
「芥川賞」は新聞・雑誌に発表された無名もしくは新進作家の純文学短編が対象で
「直木賞」は新聞・雑誌または単行本として発表された無名・新進・中堅作家の短編及び長編の大衆文芸作品が対象だ
知ってるよ!!
…なんなんだ君は!?
…そんな2大賞に全国の書店員は長年不満を持っていた
その不満が爆発したのが2002年下半期――
直木賞は「該当作なし」！この結果に書店員たちは騒然となった！
受賞作がなければ本が売れないではないか!!
マアトの羽

そんな書店員たちが出版社の企画で一堂に会し酒を飲みながら「自分たちが選べたら…」という話になった
それは04年に実現する――それが今や2大賞と並び世間の注目を集める「本屋大賞」だ！
全国の書店員が各自「面白かった本」3作を選びその上位10作品が2次投票にノミネートされる
本屋大賞
1位
10作品すべてを読んだ者だけが2次投票に参加できるのだ第1回受賞作『博士の愛した数式』はミリオンセラーとなった！
知ってるよ!!
俺も投票したし！
第1回の受賞式で『本の雑誌』編集長浜本茂は「打倒！直木賞」と叫んで喝采を浴びたという
多くの文芸賞が出版社や審査員の様々な思惑から不透明に選定されているのに対し
この本屋大賞は「ガチンコ」で決められる数少ない賞の一つといえる

「文学賞を受賞する作家はそれによって名誉を傷つけられているのだ」とかのボードレールは言ったが
日本に今どれだけの文学賞があるか知っているか…？
純文学では「野間文芸賞」「読売文学賞」「三島由紀夫賞」「毎日出版文化賞」「川端康成文学賞」他多数！
新人賞では「文藝賞」「すばる文学賞」「太宰治賞」
等々…
大衆小説では「山本周五郎賞」「大藪春彦賞」「柴田錬三郎賞」など
それ以外にも「江戸川乱歩賞」「日本ミステリー文学大賞」「日本SF大賞」「日本ホラー小説大賞」「現代詩人賞」「日本ケータイ小説大賞」「島清《しませ》恋愛文学賞」……
そして文筆家なら誰もが夢見る究極の文学賞…
「ノーベル文学賞」!!
ノミネートされただけでミリオン必至！
受賞することができれば歴史に名を残す!!

―そのためには海外に向けて翻訳されなければならないが文学作品を翻訳できる者はきわめて少なくしかも…
あのー
サインくださーい
…？
いや私はただの…
知ってますよー
「雲竹雄三」さんですよねー？
ネットで話題になってますよ
「書店うんちく男」！
写メ撮っていーですか？
一緒に撮らせてくださーい
っっ
いや私は…
私もー
…僕帰るよ
先生っ

第12話のうんちくを振り返ってみよう

雲竹雄三の教養再確認クイズ

テーマ あんたが大賞！

Q1 芥川賞と直木賞の生みの親は？

Q2 無名・新進作家に与えられるのは芥川賞と直木賞のどちら？

Q3 2004年に始まった「書店員による文学賞」とは？

解答は次のページ

〈解答〉

A1 作家として知られる菊池寛《きくちかん》

「父帰る」「真珠夫人」などで知られる作家・菊池寛は出版社・文藝春秋を立ち上げ、出版界のプロデューサーとしても活躍していた。芥川賞と直木賞は作家の育成を目的として創設したものではあるが、ビジネス上のもくろみもあった。雑誌が売れない2月と8月に二大賞を発表することにより、「文藝春秋」の売上げに大きく貢献したという。

A2 芥川賞 直木賞は中堅作家も対象

「芥川(龍之介)賞」と「直木(三十五)賞」は1935(昭和10)年に制定されて以来、日本を代表する文学賞として今日《こんにち》まで続いている。芥川賞は主に新進・無名な作家の純文学短編作品に対して与えられ、直木賞は、無名・新進・中堅作家の短編及び長編の大衆文芸作品に与えられる。

A3 全国の書店員の投票だけで選ぶ「本屋大賞」

「全国の書店員がいちばん売りたい本を、投票によって選ぶ賞」として、2004年に創設されたのが本屋大賞。アルバイトやパートタイマーを含むすべての書店員がエントリー可能。過去1年間のうち、自らが読んで「最も面白かった本」「売りたいと思った本」「勧めたいと思った本」に投票するシステムである。

第13話

本が起こす革命

ねーねー
これ見て!
ホラここ
字が逆さになってるー!
ホントだ
何これ変なのー
「活版《かっぱん》印刷」で刷られたものには稀にそうしたミスがあるのだ
…出ると思ったぜ!
「カッパ印刷」??
…活版だ
主に鉛《なまり》で造られた「活字」を一つひとつ組んで版を作るのだ
これは大変な作業でときおり横向きや逆さの活字が見落とされてしまうこともあった

「銀河鉄道の夜」で主人公がこの仕事をしていたのを知らないか？
イスカンダルに行くヤツ？
全然違う！
1997年アメリカの『ライフ』誌が発表した1001～2000年のあいだで「人類にとって最も重要な出来事100選」において
1位に選ばれたのはグーテンベルクの活版印刷術だった
それ以前西洋における本とは「写本《しゃほん》」のことだった一冊一冊手書きで写す写本はいうまでもなく貴重なものだった
教会や図書館ではむやみに開かぬよう留め具をつけたり鎖で書見台《しょけんだい》につないだりしていた
活版印刷は本を一部の特権階級の手から開放した
この「知識の開放」がのちの宗教改革やフランス革命の端緒を開いたといっても過言ではない
ヨハネス＝グーテンベルク
見て見てー この本袋とじ！
製本ミスだなそりゃ
…

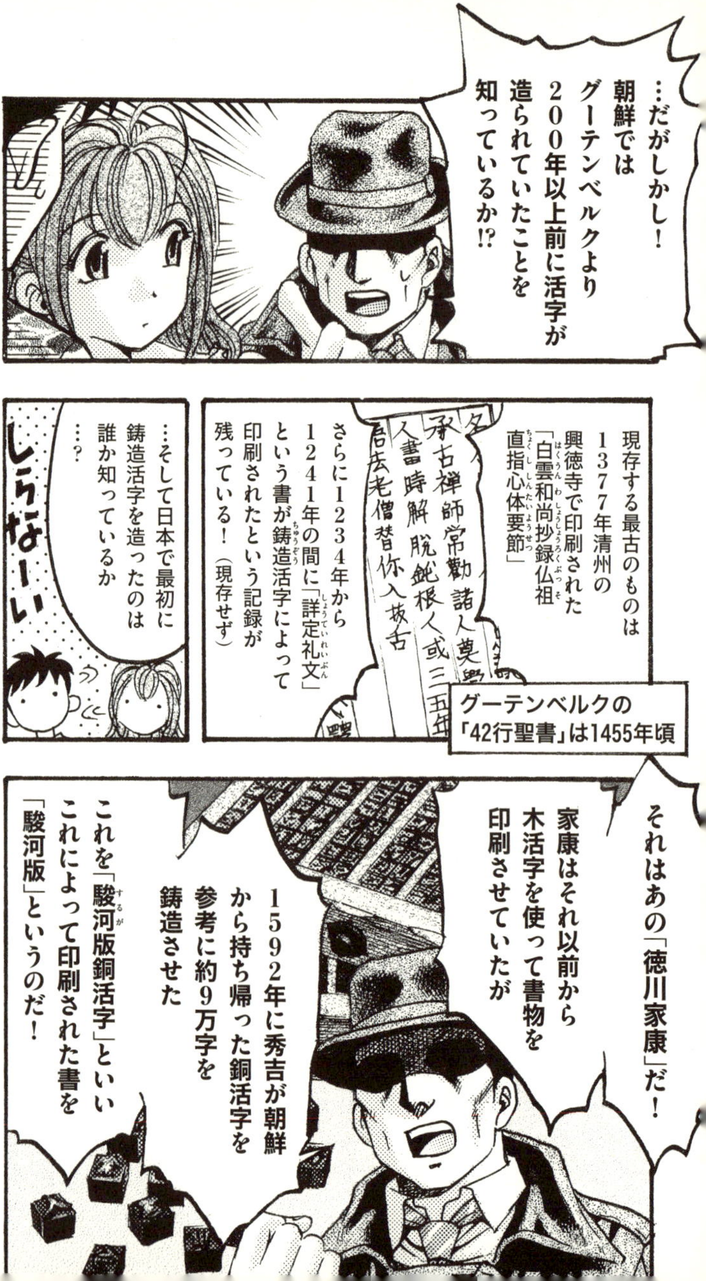
…だがしかし！朝鮮ではグーテンベルクより200年以上前に活字が造られていたことを知っているか!?
現存する最古のものは1377年清州の興徳寺で印刷された「白雲《はくうん》和尚《わしょう》抄録《しょうろく》仏祖《ぶっそ》直指《ちょくし》心体《しんたい》要節《ようせつ》」
さらに1234年から1241年の間に「詳定礼文《しょうていれいぶん》」という書が鋳造《ちゅうぞう》活字によって印刷されたという記録が残っている！（現存せず）
グーテンベルクの「42行聖書」は1455年頃
…そして日本で最初に鋳造活字を造ったのは誰か知っているか…？
しらなーい
それはあの「徳川家康」だ！
家康はそれ以前から木活字を使って書物を印刷させていたが
1592年に秀吉が朝鮮から持ち帰った銅活字を参考に約9万字を鋳造させた
これを「駿河《するが》版銅活字」といいこれによって印刷された書を「駿河版」というのだ！

ぼそ
ぼそ
…西洋式の活版印刷術そのものはそれ以前ヨーロッパへ派遣された少年使節団によってもたらされていた
それを使って日本語をローマ字で綴ったキリスト教の書が作られ「キリシタン版」と呼ばれた
ぼそぼそ
コホン
お静かに
……
しかしこれらの活版印刷は日本では定着せず廃《すた》れた
ひそひそ
なぜなら日本には奈良時代にはすでに「木版印刷」が伝わり定着していたのだ
木版は7～8世紀中国で生まれたといわれる
当初は主に経文を印刷していたが江戸時代に入り識字率が上がると大衆向けの書物が多く出版されるようになった
南総里見八犬伝《なんそうさとみはっけんでん》
1ページずつ手彫りで？カッパより大変そーだけど
…活版だ
だが木版は様々な書体を表現できるうえ レイアウトも自由自在だ
一方 活版には大きな欠点がある…

それは一度印刷したら
また活字をバラバラに
してしまうということだ
再版するには
また一から
活字を組み
直さなければ
ならない
これに対し木版は
一度版木を作れば
いくらでも増刷
することができる
福沢諭吉の『学問のすゝめ』の初版は
活版印刷だったのが
2版目以降木版も
使うようになったのは
そうした理由からかも
しれない
學問のすゝめ
――ちなみに当時の
活字は鋳造ではなく
金属に直接文字を
彫ったものだった
のちに表記を変え
「学問ノスヽメ」
として発行された
幕末 本木《もとき》昌造《しょうぞう》によって
再度日本にもたらされた
活版印刷は徐々に普及し
横濱毎日新聞
さらに輪転機《りんてんき》の登場で
高速・大量印刷が可能になると
新聞や雑誌が
広く読まれるようになった
ところで君たち
「ガリ版」と
いうものを
知っているか？
巨人に
なる人？
それ
ガリバー

ガリ版とは
「謄写版《とうしゃばん》印刷」の通称で
コピー機が今ほど
普及する以前は
ビラやプリントの類《たぐい》は
たいていこれで
刷られていたのだが——
実はこのガリ版は
堀井新治郎という役人が
発明した日本独自の
印刷技術だ！
１９７０年代になると
写植《しゃしょく》オフセットや
コピー機が活版印刷と
ガリ版にとって代わり
今ではほとんど目にする
ことはなくなったが
こうした
印刷技術の発展が
本と知識を
一部の特権階級から
われわれ大衆の手に
開放してくれたのだ！
——そして現代
紙もインクも必要ない
新しい形の「本」が
グーテンベルク以来の
情報革命を起こしている
「電子の本」は光の速さで
世界中を駆け巡り
データ化された書籍は
半永久的に失われることは
なくなった…！
オホン

おい アンタ!
——あ
し…失礼…!
大事なことを言い忘れとるぞ
え…?
グーテンベルクが活字だけじゃなく油性インクも発明したってこととか
1ページ42行だったから「42行聖書」と呼ばれたこと
「奥付《おくづけ》」は江戸時代大岡越前守《おおおかえちぜんのかみ》が版元につけさせたのが始まりだとか
…今だ帰るぞ!
紙《ペーパー》の語源は「パピルス」だとか
江戸時代は版元が小売業も兼ね共に区別なく「本屋」と呼ばれていたこと——
日本で最初の民間商業出版業が慶長年間 京都で始まったということも…

第13話のうんちくを振り返ってみよう

雲竹雄三の教養再確認クイズ

テーマ 本が起こす革命

Q1 活版印刷誕生以前、本はどう作られていた？

Q2 西洋式活版印刷術が日本に伝えられたのはいつ？

Q3 日本の懐かしい印刷技術「ガリ版」の正式名称は？

解答は次のページ

雲竹雄三の教養再確認クイズ 「本が起こす革命」

〈解答〉

A1 一つひとつ手書きで書き写し

印刷技術が存在しない時代に本を作るときは、すべて人の手で書き写さねばならなかった。筆写された書物のことを「写本」といい、古くは古代エジプトの時代にパピルス(草の茎で作った紙)を用いて作られた。中世ヨーロッパでは、古典や聖典の筆写が盛んに行われ、たいへん貴重なものとして重厚な装丁がなされることもあった。

A2 天正10(1582)年 少年使節団によって

キリスト教が日本に伝わって間もない頃、4人の少年使節団がヨーロッパに派遣された。彼らが持ち帰った鉛鋳造活字や木製印刷機などにより、西洋式活版印刷術が日本に伝来した。まず西洋活版術を用いて印刷されたのはキリスト教関係の本で、ローマ字に漢字や仮名も交えて作られたこれらの書物を「キリシタン版」という。

A3 謄写版印刷 「ガリ版」は通称

謄写版印刷、通称ガリ版とは印刷技術の一つ。蝋《ろう》を引いた原紙を鑢《やすり》板にあてがって、鉄筆で文字などを書いて蝋を削る。蝋を落とした部分からインクが滲み出ることにより、印刷されるという仕組み。通称の「ガリ」とは、鉄筆で引っかくときの「ガリガリ」という音に由来する。

第14話
毎日が記念日

ぶすっ
…なあ
さっきから何怒ってんだよ!?
…今日何の日か覚えてる…?
え!?
今日って…4月23日だろ!? 何の日…って
1995年ユネスコが制定した通称「世界本の日」だ!
ひどい! 覚えてないの!?
え!? えーと…
2001年に制定された「子ども読書の日」でもある
だって誕生日は6月29日だろ!? あとは…
6月29日はサン・テグジュペリの誕生日で「星の王子さまの日」だ

私と純君が初めて会った日だよ!!
覚えてねーよそんなの!
「こどもの読書週間」の最初の日でもある…
1959年に始まったときは5月1～14日だったが2000年「子ども読書年」を機に4月23日～5月12日に期間を変更したのだ
……
大事な二人の記念日なのに…
じゃ5月5日は何の日か覚えてる!?
5月5日!? えーと…こどもの日…じゃないよな…
取次のトーハンが制定した「子どもに本を贈る日」だ!
初めてデートした日!!
そ…そか
よく覚えてるなそんなの…
じゃあ10月7日も覚えてないの!?
ええ!?
えーと えーと
世界初の推理小説『モルグ街の殺人事件』の著者エドガー・アラン・ポーが謎の死を遂げた日で「ミステリー記念日」だ

純君が初めてウチに来た日!!
覚えてねーっつの!
まさか2月9日も覚えてないの!?
2月9日!? え…と
手塚治虫の命日であり漫画専門古書店「まんだらけ」が「漫画の日」と決めた
初めて二人で旅行した日!!
じゃ10月4日は!?
10月…!?
全国古書籍商組合連合会が2003年に制定した「古書の日」だ!
初めて一緒にディ◯ニーランドに行った日!!
10月27日はっ!?
「読書週間」の初めの日だ
初めて大喧嘩した日!!
1924年に日本図書館協会が「図書週間」として制定したときは11月17日～23日だったが戦後10月27日～11月9日に変更された
あー…えーと…

まさかまさか…
4月2日が何の日かもわかんないの…!?
ぐすっ
4月2日!?
ついこないだだぞ何かあったか…!?
1872年東京湯島に日本初の官立公共図書館「東京書籍館《しょじゃくかん》」が開設された日で「図書館開設記念日」である
初めて純君にロールキャベツ作ってあげた日じゃない～!!
わあっ
ひどーいっ
ちょーー頑張ったのにィ
……
その日はデンマークの童話作家アンデルセンの誕生日でもあり1966年ミュンヘン国際児童図書館創設者イエラ・レップマンの提案から「国際子どもの本の日」と定められた
ついでに1922年に「週刊朝日」と「サンデー毎日」が創刊された「週刊誌の日」でもある
さっきからなんなんだよアンタ!?

…今日4月23日は「世界本の日」や「子ども読書の日」以外にもう一つ
重要な記念日となっているそれは——
君たちは「サン・ジョルディの日」を知っているか!?
!?
それはスペイン・カタルーニャ地方に伝わる伝説——
恐ろしいドラゴンの生贄《いけにえ》に差し出された王女を
聖ゲオルギウス（サン・ジョルジュ）という騎士が救い出し
倒したドラゴンの血から咲いた赤いバラを王女に贈ったという…

4月23日は聖ゲオルギウスが殉教した日で
いつからか男性が女性に赤いバラを贈る日となり
女性は男性に本を贈り気持ちを伝えるのだという…
本？
なぜ本を贈るようになったのかは諸説ある…この日は「ドン・キホーテ」の作者セルバンテスやシェークスピアの命日でもあり
1926年この日が「本の日」と定められた…本を贈る習慣はおそらくそこからきたと考えられる
日本でも毎年多くの書店でキャンペーンが行われ
いくつかの書店で行われている「書店くじ」の特等賞はサン・ジョルディ伝説発祥の地「スペイン旅行」だ！
スペイン!?
いーなぁ
…ったが現在は「図書カード5万円」だ…
スペイン行きたーい！

アタシと純君の記念日が そんな素敵な日だった なんて…
なんだか 運命ってカンジ!?
決めた！ 毎年 この日は純君に 本を贈るの!!
あ… ありがと…
そんで純君は 私にバラを 贈るの！
あ やっぱり…？
愛の詩を つけてね!!
ええ!?
私はリルケの 詩集を贈るわね！
ちょ… 詩とか わからな――…
ホラ 行くよっ
他にも 2月28日「エッセイ記念日」 4月8日「参考書の日」など がある…

第14話のうんちくを振り返ってみよう

雲竹雄三の教養再確認クイズ

テーマ

毎日が記念日

Q1 「ミステリー記念日」はいつ？

Q2 「読書週間」はいつ？

Q3 4月23日「サン・ジョルディの日」に行われている慣習とは？

解答は次のページ

〈解答〉

A1　10月7日 エドガー・アラン・ポーの忌日《きにち》

推理小説のジャンルを確立し、江戸川乱歩やスティーブン・キングにも影響を与えたエドガー・アラン・ポー。代表作『モルグ街の殺人事件』は史上初の推理小説といわれている。1849年10月7日、結婚の準備を進めていた矢先に彼は謎の死を遂げ、今もその詳細はわからぬままだという……。

A2　10月27日から11月9日まで

読書週間は戦前(1924年から)にも行われていた。戦前の読書週間は「図書週間」という名称で、日本図書館協会が制定したもの。期間は11月17日～23日だった。現在行われている「読書週間」は、終戦直後に結成した読書週間実行委員会(現在は読書推進運動協議会)が実施する。

A3　男性は女性にバラを 女性は男性に本を贈る

スペインに伝わるサン・ジョルディ伝説(※詳細142ページ参照)から、男性が大切な女性にバラを贈る習慣が始まった。この日は『ドン・キホーテ』の作者のセルバンテスとシェークスピアの命日で、「本の日」でもある。二つの記念日がいつの間にか一緒になり、男性は女性にバラを、女性は男性に本を贈る習慣が始まったといわれている。

第15話

電子書籍は箔《はく》切れを聞くか

おじさん
フランツ・カフカ
変身
その本さぁ
買っちゃったの？
そうだが……？
ばっかー
それさぁ「プロジェクト杉田玄白」に入ってるよ
知らないのォ？
…『伽羅《がらん》とバザール』を翻訳した山形浩生《ひろお》が立ち上げたプロジェクトだろう
著作権フリーの海外書籍を翻訳してネットで公開している
私は紙の本が好きなんだ
なにそれイミわかんなーい
タダで読めんのにー

君は何を読んでいるのかね？
アタシー？
『ドグラ・マグラ』
「青空文庫」かね？
決まってんじゃーん
ウチら「アサドク」やってるしー
1988年に千葉の高校から始まり全国に広まった「朝の10分間読書」か
教師も含め全員で朝10分間黙って本を読むという…
だよー よく知ってんね
月2～3冊は読むじゃん？いちいち買ってらんないっしょ
「青空文庫」はなぜ無料で読めるか知っているか？
え…？
……
なんで？
「著作権」が認められるようになったのは16～17世紀――
それまで著作者の権利は無きに等しいものだった

1505年銅版画の「不釣合いなカップル」という作品が無断で再刊されたことに作者・デューラーが抗議しヴェネツィア評議会に提訴したのがヨーロッパ初の図版著作権争議といわれている
しかし認められたのはデューラーのモノグラム※を削除することだけだった
デューラー「不釣合いなカップル」
現在では著作権は広く認められ日本ではだいたい定価の10％前後が印税として著者に支払われる
しかしこの著作権は日本の場合 著者の死後50年経つと消滅する
「青空文庫」はそうした著作権消滅作品と著作権者が公開に同意した作品をデータ化し無料公開したものだ
これは1971年イリノイ大学で始められた「グーテンベルク計画」というボランティア活動を下敷きにしている
見て見てー
アタシへのお勧め本『家畜人ヤプー』だってー
…君は普段どんな本を読んでるのかね？

※二つ以上の文字を組み合わせて図案化したもの

「グーテンベルク計画」も著作権消滅作品を電子化してアーカイブを作っているのだがそのなかにはアメリカ独立宣言などありとあらゆる文献が含まれる
これらの活動は学生を中心に有志や寄付金によって支えられているのだ
このケータイ小説ちょー面白ーい
…け携帯小説やそれをそのまま単行本にした「横組み」の本も珍しくなくなったな…
「頭が頭痛で痛い」だってバッカー！
2010年が電子書籍元年といわれる日本に対しアメリカではそれよりずっと早くから電子書籍が普及していた
2000年スティーブン・キングがオンライン上で新作短編『Riding the Bullet』を2ドル50セントで発売すると48時間で50万部を売り上げたという
この小説は日本でも発売されているのだが世界中で日本でだけ通常装丁の「紙の本」として販売されている
えー
なんでー？

その頃日本ではまだ電子書籍が浸透していなかったこともあるだろうが
やはりこうして手に取れる本を好む者が多いということだろう
ちょ——紙の無駄
ど…同年に発表された無名の作家M・Jローズの『Lip Service』という小説が大ヒットし世界初のネット発ベストセラー作家といわれている…
どんな小説？
…なぜ聞く？
どんなの？
……ポルノだ……
読んだの？
……いや…
読んだんだ

――他にもデータベースから好きな作品を選んで注文するとそのつど印刷・製本する「オンデマンド出版」というサービスもある
読んだんでしょ？
ねえねえ
日本ではまだまだだがアメリカでは広く普及し永久に在庫なし絶版なし！「日本ケータイ小説大賞」などの入賞作品もこのオンデマンドで購入することができる
資源の無駄
いーじゃんネット配信で
「箔《はく》切れを聞く」という言葉を知っているか？
ハクギレー？
マジギレみたいなー？
豪華な装丁の本で「天」の部分に金箔を施したものを「天金《てんきん》」という
いちばん最初に頁を開く者はこの金箔が切れていくかすかな音を聞くことができるのだ…

音…手触り…香りにこだわった本もある
本とはただの文字の羅列ではない
あらゆる感覚を刺激する総合エンタテイメントなのだ！
現代人の本離れを嘆く声もあるが
こうして電車の中で本を読むという日本では当たり前の光景も海外ではほとんど見られないという
本を愛している日本人はまだまだ多いということではないかな
この本
君にあげよう
えっ
マジで？いいの？
たまにはいいものだよ
紙の本も…
「ある朝 グレゴール・ザムザが気がかりな夢から目ざめたとき 自分がベッドの上で一匹の巨大な毒虫に…」

第15話のうんちくを振り返ってみよう

雲竹雄三の教養再確認クイズ

テーマ 電子書籍は箔切れを聞くか

Q1 西欧初の図版著作権争議を起こした画家の名前は?

Q2 1971年から始まった古典の電子化・公開サービスは?

Q3 1997年から始まった日本の文献電子化・公開サービスは?

解答は次のページ

〈解答〉

A1 ドイツの画家 アルブレヒト・デューラー

作品の無断複製に対し、ヨーロッパ初の図像著作権争議を起こしたのは、ドイツ・ルネサンスの完成者・アルブレヒト・デューラー。ドイツ・ニュルンベルクで刊行した「不釣合いなカップル」という銅版画が、10年後、イタリア・ヴェネツィアで無断再刊された。デューラーはこれに抗議し、ヴェネツィア評議会に提訴したのである。

A2 イリノイ大学の教授が始めた「グーテンベルク計画」

アメリカ・イリノイ大学のマイケル・ハート教授によって1971年から推進されているプロジェクト「グーテンベルク計画(Project Gutenberg)」。著作権が切れた文献を電子化し、ネット上で無料公開するというもの。アメリカ独立宣言からシェークスピアなどの英米作品、他言語の作品の英訳など、あらゆる古典が対象になっている。

A3 ジャーナリストの声かけで始まった「青空文庫」

日本のグーテンベルク計画といえる「青空文庫」は、ジャーナリスト・富田倫生《みちお》がボランティアグループに呼びかけて始まった。「利用に対価を求めない、インターネット電子図書館」として、没後50年が経過し著作権の切れた作品や、著作権者が無償公開を許可した作品を収録している。2013年8月現在、収録作品数は12112点。

第16話

〝洛陽《らくよう》の紙価《しか》〟を上げろ！

芸書
メディア新人賞
えっ…!
……
…自分の本を
さりげなく
目立つ平台に
移す著者は
結構いるらしい…
いや僕は
……
小さな賞を一つ
とったくらいでは
平積みされることは
まずないからな
……
そう…賞をとって
単行本出して
新人賞受賞!
これで作家として
やっていけるって
思ったのに――

初版3千部
印税40万（税抜）じゃ
とても…！
「ベストセラー」という言葉が生まれたのはいつか知っているか？
え…？
1895年に創刊されたアメリカの文芸雑誌「ブックマン」によって広められたのだ
ベストセラーとはある一定期間に大量に売れた書籍を指し
長いあいだ読まれ続ける「ロングセラー」とは区別されている
——無論 言葉が生まれる前からベストセラーはあった「洛陽《らくよう》の紙価《しか》を高らしめる」という言葉がある
これは中国・西晋《せいしん》の左思《さし》の作品「三都の賦《ふ》」が評判になり皆競って筆写したため紙価が高騰したという故事に由来する…
しかし本格的にベストセラーが出始めたのはやはり活版印刷登場後——
日本では福沢諭吉の『西洋事情』が最初のベストセラーといわれている

それ以前にも ヒット作はあった 『好色一代男』『雨月物語』 『南総里見八犬伝』――
江戸の貸本屋
しかしこの頃 本はまだ高価で 庶民は主に「貸本《かしほん》」で これらを楽しんでいた
ちなみに現代のレンタルと 同じで新作や人気作は 貸出期間が短く 延長料金もあったという
『西洋事情』は 15万部刷られたが 海賊版も5万部ほど 出回ったらしい
あったんすね 海賊版 その頃から
福沢諭吉はたいへん 迷惑したと語っている…
その後日本初の 「ミリオンセラー」が 誕生する
それはスマイルズの 『自助論』を中村正直《まさなお》が 翻訳した『四国立志編』だ
明治後期になると 小説のベストセラーが 続々と登場する
尾崎紅葉《こうよう》 幸田露伴《ろはん》 森鷗外 そして夏目漱石 ――
それはのちに また別の形の ベストセラーを 生むことになる…

「円本《えんぽん》」ブームを知っているか？
えんぽん…？
1926年改造社が単行本4冊分を1冊に収めた『現代日本文学全集』全37巻を1巻1円という安価で売り出し35万部を売った
1冊1円であることから「円本」と呼ばれその後新潮社が『世界文学全集』を平凡社が『現代大衆文学全集』を刊行いずれもベストセラーとなった
それに対抗して作られたのが「100頁《ページ》20銭」という値段設定で発売された「岩波文庫」だ
これがやはり大ヒットし文庫ブームの火付け役となる
ブーム！
僕もブームに乗りたい！どーしたら乗れるんだ!?
ブームは乗るものではない作るものだ
同じ頃大日本雄弁会講談社（現講談社）発行の『キング』が雑誌で初のミリオンセラーとなり
KING キング
『主婦之友』などがそれに続いて100万部突破を果たすのだが――

ミリオンを達成したにもかかわらずあまり知られていない雑誌がある
『家の光』を知っているか？
いえのひかり？
これは決して宗教関係の本ではなくJAグループの一員である「社団法人全国農業会・家の光協会」が発行している月刊誌で
最盛期には実売部数100万部を超えていたが一般の書店には出回らないため「あまり見かけないのに日本一売れている雑誌」ともいわれた
狭い…
書籍に話を戻せば終戦直後の『日米会話手帳』（なんと終戦1ヵ月後に発売）をはじめ占い本 タレント本 入門書やベストセラーの幅も広がっていった…
そして1981年空前のメガヒット作が登場した！
――君は
「トットちゃん積み」を知っているか!?

かつて西武の「リブロ」がなかば喧嘩腰で『窓ぎわのトットちゃん』を500冊注文すると本当に注文どおりに入荷し※
本日入荷
置き場に困ってワゴンに山積みにしたら飛ぶように売れたやがてこの陳列法が広まり「トットちゃん積み」と呼ばれるようになったのだ！
「トットちゃん」はこの方式で580万部売れた！
「トットちゃん積み」してほしい！僕も！
世界一裕福な作家を知っているか!? それはシリーズ累計2億5千万部という驚異のベストセラー「ハリー・ポッター」シリーズを生んだJ・K・ローリング！
「歴史上最も報酬を得た作家」とさえいわれる 彼女の純資産額はなんと10億ドル!!
10億ドル!? ぼ…僕も…！
…しかし現在それらをも凌駕し得る
恐るべき売れ方をしている本がある それは…

※詳しくはP166を参照

今や知らぬ者はおるまい『ONE PIECE』だ！
東京駅構内の「book express 京葉ストリート店」では発売日にはなんと4桁も動くという!!
朝から搬入口は大わらわ！ シュリンカーはフル稼働！ 警備員も臨戦態勢だ!!
4桁…!? 1店舗で…!?
…無論すべての店舗でこれほど売れるわけではないが…
ベストセラー山頂
…遠い…
君も「洛陽の紙価を高らしめ」てみたまえ…

第16話のうんちくを振り返ってみよう

雲竹雄三の教養再確認クイズ

テーマ “洛陽の紙価”を上げろ!

Q1 日本で最初のベストセラーとは?

Q2 大正〜昭和初期、1冊1円で売られていた本はなんと呼ばれた?

Q3 「トットちゃん積み」とは何か?

解答は次のページ

〈解答〉

A1 福沢諭吉による西洋文明入門書『西洋事情』

鎖国が解けて西洋文明が日本に入り始めた時代に、福沢諭吉によって著された『西洋事情』。自らがヨーロッパで見聞きした体験を踏まえ、西洋の技術や国の仕組みなどをわかりやすく解説した内容である。発行部数は15万部。海賊版まで発行されており、それを含めると20万部以上。ちなみに『学問ノスヽメ』も同じくベストセラーになっている。

A2 円本。改造社の『現代日本文学全集』がブームの火付け役

1926年、改造社が『現代日本文学全集』を1冊1円、完全予約販売制で発売した。関東大震災後の出版不況打破の策だったが、破格の値段が大衆の心をつかみ、予約開始直後に35万部を記録する大ヒットに。以降、新潮社や平凡社なども競って発行するようになる。名前の由来は当時1円均一で東京市内を走っていた「円タク」から。

A3 一つの本を多面展開すること『窓ぎわのトットちゃん』に由来

ある本や雑誌を何面にもわたって積み上げる陳列法が「トットちゃん積み」。黒柳徹子の大ベストセラー『窓ぎわのトットちゃん』が売れに売れていたとき、リブロ池袋本店の店員が出版社の営業と入荷数で揉め、売り言葉に買い言葉で500部ほど注文。置き場所に困りワゴンで多面展開したところ、予想外に売れたことから始まった。

第17話

本を作ろう！

……
…あの…
この原稿どこか他の出版社には…？
ええ
はじめ「飛鳥書院」と名付けようとしたけど似た名の出版社がすでにあったから急遽《きゅうきょ》社長の名前にしたけどマークは「鳳凰」のままの「角川書店」と
崑崙《こんろん》山にある不死の神泉の名からとった「白水社」と
「後漢書《ごかんじょ》」の「疾風にして勁草《けいそう》を知る」からとった「勁草《けいそう》書房」と
「万葉集」の「みすず・刈る」からつけた「みすず書房」と
社長があれこれ社名を考えあぐねていたとき夫人の「平凡なのがいいんじゃない」のひと言で決まった「平凡社」と
地味に創業者の出身地からつけた「筑摩書房」にも
持っていったわ

あの人たち見る目ないわ
……
そうですか…いや僕はとてもよく書けていると思いますよ
ただ――
…原稿はできれば縦組みでお願いします…
縦組みに変換するの面倒なの
いやとても初めて書いたとは思えない出来です！
ただ…
残念ながら商業出版というレベルには少し及ばないというか…
いやしかしこのまま埋もれさせるのは惜しいな――
どうでしょう？「共同出版」という形で出してみるというのは…？
共同出版？
出版社と著者が共同で本を出すんです！
そちらには出版費用だけ負担していただいて
流通やプロモーションはこちらが請負うというものです

それって「自費出版」じゃないの
いいえ！いわゆる「饅頭本《まんじゅう》」※とは違います
あなたの本が全国に流通するんです！
売れ行き次第では次回作は「企画出版」という可能性も…！
…私気がついたの
はい？
※故人の追悼のために配られる本など
自分で書けば誰よりも早く読めるじゃない？
…は？
でも他の人にも読んでもらわなきゃ意味ないのよね
でなきゃ日記と同じでしょ
はあ…
え…と一応こちら料金表なんですが……
全国に流通させるのでしたらやはり3千部は…

10万部くらい
ほしいわ
装丁は当然「フランス装」（中身より大きく断裁した紙表紙を三方の小口で折り返して中身をくるむ装丁）よねその上からモロッコ革の表紙をつけて！
それで金の箔押し（アルミなどのフィルムを熱圧着する加工）でエングリッシュ・シュライプシュリフトの字体でタイトルを…
1冊10万円くらいになりますよ
……
じゃあ表紙は「フロッキー」（パイルという繊維を付着させてビロードのようにする加工）にしてタイトルは「バーコ印刷」（熱で膨らむ粉を刷り込み部分的に盛り上げる加工）で見返し（中身と表紙をつなぐ紙）は美濃和紙《みのわし》をエンボス加工（金属の凸版と凹版で紙をプレスして凹凸にする加工）して天金にしてスピンは2本付けて!!
無理ですっ

なんでよ
無名の新人の本は2千円以上じゃ売れませんよ！
装丁にそんなお金かけられませんっ
売るのはそっちの仕事でしょ？
……
何とかしなさいよ
そ…それよりあなたのようなきれいな方でしたら写真を使ったほうがよろしいかと
表紙にバーンと大きくあなたの写真を載せれば——
脱がないわよ
誰も脱げとはっ
そうだわ！ふろくをつけましょう
雑誌はふろくつけると売れるんでしょ？2010年に宝島社の『sweet』はブランドグッズをつけて100万部超えたわ！

シャネルのバッグがいいわね
無理ですっ
2001年に「日本雑誌協会」の規定ゆるくなったんでしょ？
規定の問題じゃありません！
本体の100倍もするふろくつけてどーすんですか！
——そうね「本誌からはみ出さない程度」って暗黙のルールがあったわね
韓国じゃミキサーとか醤油とか洗剤とか変わったふろくもあるらしいけど
日本では昔 鈴虫の卵とか生物系があった以外は化粧水とかシリコンスチーム鍋とかお風呂サウナスーツくらいよね
いやだからそゆー問題では…
あの…とにかく書籍にふろくなんて普通つけませんから…
「綴じ込み」ならまだありますけど…
綴じ込みねぇ…
そうだわ！「ソノシート」にしましょう
歌とか朗読とか…

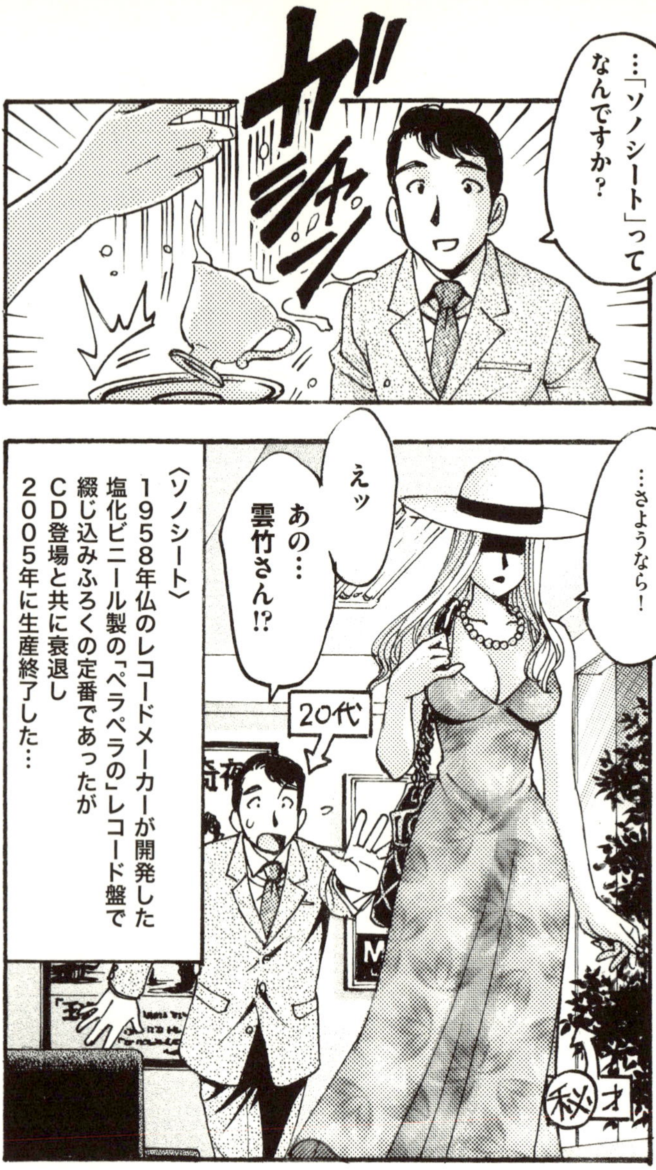
…「ソノシート」ってなんですか？
ガシャン
…さようなら！
えッ
あの…雲竹さん!?
20代
〈ソノシート〉
1958年仏のレコードメーカーが開発した
塩化ビニール製の「ペラペラの」レコード盤で
綴じ込みふろくの定番であったが
CD登場と共に衰退し
2005年に生産終了した…
㊙オ

第17話のうんちくを振り返ってみよう

雲竹雄三の教養再確認クイズ

テーマ 本を作ろう！

Q1 「共同出版」とはどのような出版形態？

Q2 雑誌に生き物のふろくをつけるのはNG?

Q3 「ソノシート」とは何か？

解答は次のページ

〈解答〉

A1 制作費は著者が払い 流通宣伝費は出版社が払う

出版社がすべて費用負担する形態と自費出版の中間的出版形態のことを「共同出版（協力出版とも）」と呼ぶ。初版の制作費は著者が負担するが、流通・宣伝経費などは出版社が負担。印税も支払われる。とはいえ、この条件が必ずしもすべてのケースに当てはまるわけではない。

A2 OK。鈴虫の卵やカブトガニ飼育キットがふろくになったことも

日本雑誌協会が定めるふろくの規定はそれほど厳しくなく、実に様々なバリエーションが生み出されている。かつては鈴虫の卵や、シーモンキー飼育キット、カブトガニ飼育キットがふろくになったことも。なお、ふろくつきで発売できるのは雑誌とムックであり、書籍では認められていない。

A3 塩化ビニール製のレコード盤 現在は生産終了

ソノシートとは、塩化ビニールでできたレコードの一種。レコードよりも薄く安価。1958年にフランスのレコードメーカーが「フォノシート」を開発して以降世界で普及し、日本でも朝日ソノプレス社（のちの朝日ソノラマ）が「ソノシート」として商標登録した。以降、日本でも数々の製品が生み出されていくが、2005年に国内生産が終了した。

第18話

本無き家は主《あるじ》無き家の如し

赤化
……
そそ
待ちなさいよ
なんで逃げるのよ!?
やあ君か気づかなかったよ
狙撃手
嘘おっしゃい思いっ切り目合ってたでしょ!
別にもう怒ってないわよ
本当か!?
一生許さないけど
……

ちょうどよかったわ 1杯奢ってくださる?
カードが限度額超えちゃったのよ
…何に使ったかは聞かないでおこう…
BOOK CAFE & BAR
…最近増えたわね こういうお店
ここのシフォンケーキおいしいのよね
――そういえば以前「TSUTAYA TOKYO ROPPONGI」でスイーツ特集の雑誌と一緒に
「ユーハイム」のケーキ売ってたこと あったわね 覚えてる?
フェアといえば札幌の「くすみ書房」で行われた「売れない文庫フェア」が忘れ難い
あなたわざわざ行ったものね
1500タイトル完売したらしいわね
それより私は新宿の「伊《い》野《の》尾《お》書店」でやった「本屋プロレス」が面白かったわ
店のエプロンつけて試合したのよね
本屋で野宿する会とかもやってた書店だな
（高木三四郎vs飯伏幸太）

——そうだ！２０１３年に「書泉グランデ」で行われたリアル脱出ゲーム「本屋迷宮からの脱出」を知っているか!?
ゲーム用に書き下ろされた小説を頼りに謎を解きながら店内から脱出するのだ！
へえ 面白そうね
次やるときは一緒に——
嫌
……
ハヤシライスちょうだい
…ハヤシライスといえば「丸善」の創業者早矢仕《はやし》有的《ゆうてき》がその考案者だという説があるな
真偽は不明だが 丸善では実際ハヤシソースの缶詰が売られている
有的はもともと医者として江戸へ上がったが福沢諭吉に商才を見出《みいだ》され「丸屋商社」を創業——
その話5回聞いた

同じ話何度もしないで
……
そ…それじゃ『ハリー・ポッターと賢者の石』を日本で出す際大手3社を含む多くの出版社が翻訳権を争ったが――
権利を獲得したのは最も小さな版元「静山《せいざん》社」だったという…
その理由を著者J・K・ローリングは「こんなに情熱のある出版人はいないと代理人から聞いた」と語っ――
その話有名よね
私の知らない話してよ
……
…かつて「リブロ」で「ラテンアメリカ文学フェア」をやったときガルシア・マルケスやカルペンティエールの写真を展示することになった しかし写真をパネルにする際名前をメモし忘れ どれが誰だかわからなくなってしまった
そんなとき「一人だけわかる人がいる」といわれ その人物に写真を見せて ようやく名前が判明した

その人物こそ当時まだ日魯《にちろ》漁業でコンピュータプログラマーをやっていた「荒俣宏《あらまたひろし》」だったのだ
フローズン・ダイキリちょうだいシロップ抜きで！
…聞いてるかね？
長いのよ 話
…フローズン・ダイキリといえばヘミングウェイもよくシロップ抜きで飲んでいたとか…
ヘミングウェイは6本指の猫を飼っ…
飼っててその子孫の猫も6本指で今もヘミングウェイの住んでた家にいるのよね
その話超有名
ちう～
……
…イギリスの作家チャールズ・ディケンズが死後に小説を完成させた――という話は知っているか？
何それオカルトね
ディケンズは最初で最後の推理小説「エドウィン・ドラッドの謎」の連載6回目に急死してしまう…

その翌年「ディケンズの霊が乗り移った」と自称する男が現れ小説の続きを書き始めた
無論 はじめは誰も信じなかったが書き上がった作品は本人が書いたとしか思えないものだったという
この男はいちやく文壇のスターになったがその後はなんの作品も出すことはなく忘れ去られたという…
長い
…エドガー・アラン・ポーが雑誌に出したあるパズルは1992年まで150年間誰にも解かれなかったという…
どんなパズル？
……
知らないのね
…「マルキ・ド・サド」は知っているだろう？
「サディズム」の語源になった作家でしょ
あんまり好きじゃないわ

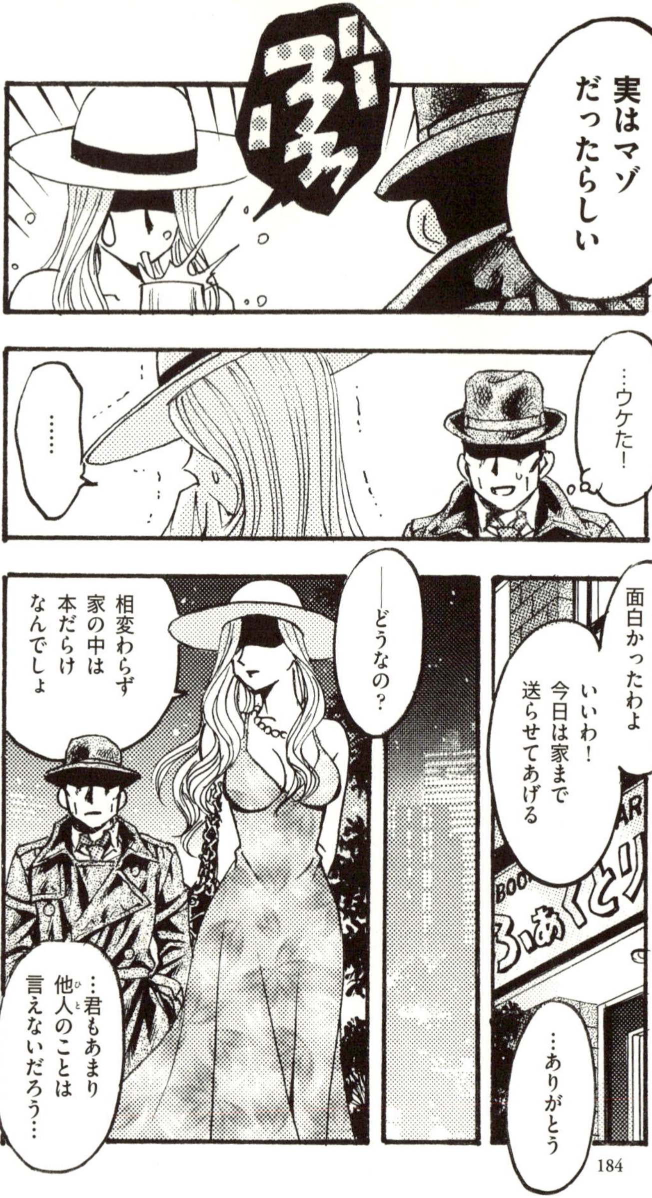
実はマゾだったらしい
ブッ
…ウケた！
……
…今のはなかなか面白かったわよ
いいわ！今日は家まで送らせてあげる
―どうなの？
相変わらず家の中は本だらけなんでしょ
…ありがとう
…君もあまり他人《ひと》のことは言えないだろう…
BOO
ろぐあくとり

あなたみたいに同じ本を何冊も買わないわよ
まだやってるの？「返本レスキュー」
や…やってないよもう…
そうだ！「シュトルーデル社」の限定本を手に入れたんだ！
知ってるだろう？ドイツの世界一美しい本を作る会社だよ！よかったら見にこないか⁉
あら
ホント？すごいじゃない
返本はこれで全部ですか？
ハイ
待てーっ
返本は待ってくれ！
私が全部買う!!
!?
…馬鹿！

第18話のうんちくを振り返ってみよう

雲竹雄三の教養再確認クイズ

テーマ 本無き家は主無き家の如し

Q1 ハヤシライスの考案者といわれる書店創業者は？

Q2 「本屋プロレス」第1回の開催地は？

Q3 サディズムの語源になった作家とは？

解答は左のページ

〈解答〉

A1 丸善の創業者、早矢仕有的

ハヤシライスの発祥には諸説ある。まず「hashed beef and rice」が「ハッシライス」などと略され、転じてハヤシライスとなった説。二つ目が上野精養軒のシェフ・林さんが考案した説。3つ目が丸善創業者・早矢仕有的が考案した説である。真偽は不明だが、「早矢仕ライス」は丸の内本店、日本橋店の併設カフェにおける人気メニューに。

A2 新宿区中井にある「伊野尾書店」

2008年4月「書店でプロレスをする」という、前代未聞のイベントが行われた。新宿・伊野尾書店の第1回本屋プロレスである。メインイベントは高木三四郎と飯伏《いぶし》幸太の対戦。書店員エプロンを着用し、激闘が繰り広げられた。なお同イベントは第2回(TSUTAYA 金沢店)、第3回(ザ・リブレット・イオン 千種店)も開催された。

A3 フランスの作家、マルキ・ド・サド 通称サド侯爵

倒錯的な作品で知られるサドは多くのスキャンダルを起こしている。有名なのは「アルクイユ事件」。女性浮浪者にサディスティックな行為をはたらき、逮捕される。しかしその後に起こした「マルセイユ事件」では、娼婦に自身を鞭打たせるなどマゾヒスティックな嗜好も見せた。つまりサド侯爵は、サドでもマゾでもあったようである。

主要参考文献

『あたらしい教科書2 本』永江朗・監修（プチグラパブリッシング）
『暴れん坊本屋さん完全版【平台の巻】』久世番子・著（新書館）
『極言［勝者の合言葉］』落合信彦・著（ザ・マサダ）
『書店員あるある』書店員あるある研究会・著／菊地秀規（いつもここから）・漫画（廣済堂出版）
『書店風雲録』田口久美子・著（ちくま文庫）
『図解　世界で「一番」なんでも事典』世界の「ふしぎ雑学」研究会・著（王様文庫）
『図説　本の歴史』樺山紘一・編（河出書房新社）
『世界で一番おもしろい世界史』桐生操・著（KKベストセラーズ）
『セゾン文化は何を夢みた』永江朗・著（朝日新聞出版）
『太陽レクチャー・ブック005　本屋さんの仕事』For Bookstore Lovers 江口宏志、北尾トロ、中山亜弓、永江朗、幅允孝、林香公子、堀部篤史、安岡洋一（平凡社）
『たたかう書店』青田恵一・著（青田コーポレーション出版部・発行／八潮出版社・発売）
『だれが「本」を殺すのか　上・下』佐野眞一・著（新潮文庫）
『ブックショップはワンダーランド』永江朗・著（六耀社）
『返品のない月曜日』井狩春男・著（新風舎文庫）
『本の現場 本はどう生まれ、だれに読まれているか』永江朗・著（ポット出版）
『本を売る現場でなにが起こっているのか!?』編集の学校／文章の学校・監修（雷鳥社）

『毎日ムック・アミューズ編二〇〇二年版　知を鍛える　書店の大活用術―巨大書店・有名書店・専門書店113店』（毎日新聞社）
『リキュール・スピリッツでひけるカクテルBOOK300』若松誠志・監修（成美堂出版）

主要参考サイト

「青空文庫」（青空文庫）　http://www.aozora.gr.jp/
「エイビーロード」（リクルートライフスタイル）　http://www.ab-road.net/
All About（オールアバウト）　http://allabout.co.jp/
「カレントアウェアネス・ポータル」（国立国会図書館）　http://current.ndl.go.jp/
「紀伊國屋書店」（紀伊國屋書店）　http://www.kinokuniya.co.jp/
「KDDI」（KDDI）　http://www.kddi.com/
「CDジャーナル」（音楽出版社）　http://www.cdjournal.com/main/top/
「製本のひきだし」（東京都製本工業組合）　http://sei-hon.jp/
「東洋経済オンライン」（東洋経済新報社）　http://toyokeizai.net/
「読書推進運動協議会」（読書推進運動協議会）　http://www.dokusyo.or.jp/
「日本著者販促センター」（eパートナー）　http://www.1book.co.jp/
「日本能率協会コンサルティング」（日本能率協会コンサルティング）　http://www.jmac.co.jp/
「JBpress」（日本ビジネスプレス）　http://jbpress.ismedia.jp/

「デジタル版 日本人名大辞典＋Plus」 http://kotobank.jp/dictionary/nihonjinmei/
「ぴあ映画生活」（ぴあ） http://cinema.pia.co.jp/
「BOOKTOWNじんぼう」（連想出版） http://jimbou.info/
「文藝春秋」（文藝春秋） http://www.bunshun.co.jp/
「本の学校」（本の学校） http://www.honnogakko.or.jp/
「本屋大賞」（本屋大賞実行委員会） http://www.hontai.or.jp/
「松岡正剛の千夜千冊」（編集工学研究所） http://1000ya.isis.ne.jp/

取材協力

書泉グランデ　星野潔氏
株式会社アニメイト　鈴木英理花氏
book express 京葉ストリート店　宮田徹哉氏
リブロ池袋本店　矢部潤子氏

他、「男の隠れ家」（朝日新聞出版）や「BRUTUS」（マガジンハウス）をはじめ、様々な雑誌を参考にさせていただきました。

メディアファクトリー新書　084

漫画・うんちく書店

2013年8月31日　初版第1刷　発行

著者　室《むろ》井《い》まさね
発行者　近藤隆史
発行所　株式会社メディアファクトリー
郵便番号　150―0002
東京都渋谷区渋谷3―3―5
電話　0570―002―001（読者係）

印刷・製本　図書印刷株式会社

ISBN978-4-8401-5295-2 C0204